18

W0364884

LUISA FRANCIA

Carola

Berühre Wega, kehr' zur Erde zurück

TRANCEN, MEDITATIONEN
UND RITUALE MIT STERNEN

FRAUENOFFENSIVE

ZUM BUCH:

„Ich gehe davon aus, daß es eine gemeinsame Sprache zwischen allen Dingen gibt: die Sprache des Schweigens."

Durch die Rückbesinnung auf matriarchale magische Rituale, Meditation und Trance öffnet Luisa Francia einen Zugang zu den Kraftfeldern des Universums. Der Schlüssel zum Verständnis der Sterne und des Universums ist jedoch die Phantasie: über das Tagträumen zur Trance, über die Trance zu den Quellen kosmischer Energie! Neben einer Beschreibung der Sternzeichen, die in ihrem matriarchal-mythologischen Zusammenhang gesehen werden, bilden die Fixsterne ein wichtiges Kapitel des Buches. Die Fixsterne sind auch wesentlicher Bestandteil matriarchaler Astrologie, die weniger in der Deutung und Berechnung der Aspekte besteht, als in der Kontaktaufnahme mit den Planeten, der genauen Beobachtung der Himmelslichter Mond und Sonne, wie es die megalithischen Steinkreise beweisen. Um Frauen heute einen Zugang zu dieser Energie zu zeigen, hat Luisa Francia Übungen und Meditationen entwickelt, die an jahrtausendealte matriarchale Rituale er-innern.

kehr zur Erde zurück

1. Auflage 1982
© Verlag Frauenoffensive, München 1982
(Kellerstr. 39, 8000 München 80)

ISBN 3–88104–120–6

Satz: Fa. Seyfried, München
Druck: Fa. Brockmann, Langenzenn
Umschlagphotos: Barbara Gass
Titel- und Buchgestaltung: Inge Vogt

I VORWORT

Ich möchte diesem Buch ein Erlebnis in Afrika voranstellen, das die Art von Energieaustausch beschreibt, die meiner Auffassung von Sternenkunde entspricht. Afrika ist nur am Rande von Bedeutung, weil dort eben der Himmel nachts so dunkelblau und samtig leuchtet und die Sterne darin so hell und lebendig funkeln, daß es schwer fällt den Blick zu lösen.

Ich saß, den Körper nach Osten gerichtet, am Meer und schaute zum Horizont, wo am Nachthimmel die Sterne auftauchten und höher stiegen. Plötzlich hatte ich das Gefühl, daß die Sterne ruhig und still im Universum stehen, während wir unruhig wandern und uns ständig weiterdrehen, dem tiefsten Punkt der Nacht zu. Ich konzentrierte mich auf die Vorstellung, die Erde zu reiten, als ich eine Präsenz zu fühlen begann, die mich beunruhigte. Es war kein Mensch oder Tier, das ich spürte, dessen war ich ganz sicher. Ich stellte mein Gehör auf die nähere Umgebung ein, ohne mich jedoch umzudrehen. Meine Augen blieben auf einem Stern, den ich schon die ganze Zeit beobachtet hatte. Ein leichter Wind bewegte die Blätter der Büsche und Palmen, das Meer rauschte leise, als es langsam zurückkehrte, sonst war nichts zu hören.

Ich brauchte ziemlich lange, bis ich merkte, daß die Präsenz von dem Stern ausging, den ich anschaute. Dieser Stern schien auf irgendeine Weise mit mir zu kommunizieren. Der Teil meines Gehirns, der die Vernunft beherbergt, suggerierte mir, wie lächerlich es sei, daß so eine Sonne, Milliarden Lichtjahre von mir entfernt, Kommunikation mit mir suchen könnte oder wollte. Die Idee, daß nur Menschen, allenfalls Tiere oder Pflanzen miteinander Kontakt pflegen, ist in unserer Vorstellung einfach zu stark verwurzelt. Ich hatte zwar schon längere Zeit intensive Freundschaften mit

Steinen geschlossen, die ja auch nicht gerade gesprächig wirken, aber Sterne waren mir immer zu fern und zu fremd, um mich persönlich berühren zu können.

Ich saß regungslos und dachte über alle diese Dinge nach, während meine Augen in den winzigen Lichtpunkt der fernen Sonne tauchten.

Vielleicht war es das besondere Erlebnis, in Afrika zu sein, ständig neue Pflanzen und Tiere zu sehen, mit fremden Kulturen konfrontiert zu sein und immer Neues zu erleben, vielleicht war es auch meine Arbeit mit Astrologie, die ich bis zu diesem Zeitpunkt „technisch", also unsinnlich, erarbeitet hatte, aber vielleicht war es auch die Hartnäckigkeit des Sterns. Jedenfalls stellte ich mich der Bodenlosigkeit dieser Begegnung, die nach unserer Zeitrechnung ein paar Stunden dauerte und mich in eine zeitlose Dimension zu schleudern schien, während meine Augen fixiert auf den Stern mit ihm wanderten, wie eine Sonnenblume mit dem Licht der Sonne wandert, bis er hinter den Büschen am heller werdenden Morgenhimmel versank.

Zuerst spürte ich nur, daß der Stern da war. Ich dachte an all die Sterne, die da waren und von denen ich nicht die geringste Ahnung hatte. Ich dachte daran, daß unsere Astrologie eine Philosophie ist, ein Versuch, die Wirkung von Sternen, Planeten, kosmischen Strahlen und Himmelslichtern auf uns Menschen zu erhellen.

Meine Gedanken schienen von einer Energie geordnet zu werden. Ich fühlte, wie ich pulsierte, wie ich plötzlich nicht mehr dachte, sondern einfach *da war*, als sei ich angeschlossen an einen gigantischen Rhythmus, der Töne und Lichtblitze von sich gab. Alles um mich herum hatte an Bedeutung verloren, es gab nur mich und den Stern. So wie ich einatmete, schien er auszuatmen, mein ausgestoßener Atem schien bis zu ihm zu drängen und wieder durch ihn zurückzufließen. Dann erschienen blaue Spiralen, winzige Kreise um den Stern herum, die immer weiter wurden, als sie auf mich zukamen und mich schließlich einhüllten und mit mir zurückpulsten. Ich fühlte mich geschaukelt von einem unhörbaren Ton, in einem unsichtbaren Licht. Ich pulste mit dem Stern hin und her. Wir waren zwei Menschen, zwei Sterne, zwei Energieformen ohne Definition. Ich erlebte mich plötzlich als Masse unendlich vieler winziger Partikelchen, die auf dieser Erde vorkommen, aber auch Teilchen aus Sternnebeln, Meteoriten, Planeten, Galaxien waren in mir.

Ich war uralt, seit Urzeiten immer wieder neu zusammengesetzt. Ich fühlte, wie ich durchs All geflogen war, Teil eines Sterns, eines glühenden Sonnenvulkans, eines erkalteten Meteors. Ich wußte, daß ich schon immer existiert hatte und daß dieses Bewußtsein über das Wissen der irdischen Realität hinausging.

Plötzlich erlebte ich den angelegten Garten dessen, was wir begreifen dürfen, und den leeren Raum wie hinter einer hohen Mauer, den wir mit irdischer Vernunft nicht berühren, weil ein Körper und ein Geist zu schwach sind, um die Unendlichkeit des anderen Seins zu erfassen.

Ich wußte, ich lebte auf dieser Erde, weil ich es so gewollt hatte, weil ich mir etwas vorgenommen hatte, und daß die Wahrnehmung des anderen Zustands behutsam erschlossen werden muß, damit sie uns nicht verletzt und lebensunfähig macht.

Ich saß auf diesem kleinen Planeten, der noch nicht einmal eine Sonne ist: Vor mir öffnete sich der Kosmos, die Unendlichkeit, gefüllt mit unzähligen Galaxien, Sonnen, Planeten, Nebeln. Ich wußte, daß es von jeder Sonne, von jedem Teil im Universum, von jedem Planeten in mir ein Teilchen gibt, das auf seinen Ursprung reagiert und Handlungen in mir auslöst, die ich mit irdischem Bewußtsein nicht erfassen kann. Ich fühlte mich verbunden mit dem mikroskopisch winzigen Organismus in mir, mit dem unvorstellbar riesigen Organismus außerhalb von mir, verbunden durch Energiefäden, den Fäden einer Spinnwebe gleich. Sie wurden gesponnen, um benutzt zu werden und wenn sie ihre Bedeutung verloren, wieder aufgelöst um neu gesponnen zu werden.

Ich wollte mich öffnen für die Schwingungen, die von diesen Fäden ausgingen.

Im Morgendämmern, als mein Stern versunken war, holte mich ein Fischer freundlich aus meinen Träumen. Später fand ich heraus, daß der Stern dieser nächtlichen Ekstase Aldebaran war.

In dieser Nacht begriff ich: Astrologie ohne sinnliche Beschäftigung mit Sternen und kosmischer Energie ist nicht möglich. Wie kann ich theoretisch die Wirkung von Sonne, Mars, Venus oder Neptun verstehen, wenn ich nicht einmal weiß, wo sie am Himmel stehen, wenn ich sie nicht einmal gesehen oder wenigstens gefühlt habe?

Ich bin sicher, daß wir alle auf dieser Erde leben, weil wir uns gerade diese Realität ausgesucht haben. Es hat wenig Sinn zu sagen, hier sei alles nur Illusion, Maya, was zähle sei nur die Erleuchtung, die Loslösung von der Erde. (Interessant ist, daß das Wort Maya in der indischen Mythologie Illusion bedeutet, während es in der baskischen und galizischen der Name der Herdgöttin ist!) Besonders die konservative Astrologie spricht auch immer von dem Schicksal, gegen das wir nichts tun können. Belegt wird diese Behauptung mit dem Horoskop, das den Beweis durch die Festlegung der Sterne erbringen soll.

Das Horoskop ist nichts anderes als eine Momentaufnahme des Himmels im Augenblick der Geburt. Es ist eine Arbeitsgrundlage. Wie eine Wetterkarte oder Navigationskarte zeigt es die Stürme oder Riffe, die uns erwarten, und die Fähigkeiten, die wir entwickeln können, um diesen Schwierigkeiten zu begegnen, es sagt aber nichts darüber aus, ob wir daran scheitern oder es schaffen werden. Wenn wir lernen, das Horoskop als einen Plan zu entschlüsseln, den wir gemacht haben, ehe wir uns reinkarnierten, materialisierten, dann erfahren wir, daß unser Schicksal nicht allein durch eine „harte Kindheit", eine „lieblose Mutter" oder einen „miesen Kindergarten" bestimmt wird. Dann lernen wir uns zu erinnern an den Zustand vor unserer Geburt. Wir lernen zu erkennen, daß es mehr gibt, als Umwelteinflüsse, Erziehung, Erbgut. Wir haben uns vor allen diesen Einflüssen einen Plan für unser Leben gemacht. Wir. Nicht das Schicksal. Die Entscheidung liegt immer bei uns.

Das bedeutet, wenn du dein Geburtshoroskop anschaust, sag nicht: Das Schicksal meint es aber schlecht mit mir. Überlege dir lieber konkret, was du mit den Kräften, die du hast, bewirken kannst, versuche die andere Seite dieser Kraft zu finden, die du zunächst einmal negativ beurteilst. Versuche, für dich zu klären, was du mit der Energie dieser Planeten in ihren ganz bestimmten Positionen anfangen kannst, wie du sie nutzen kannst, was du vermeiden möchtest.

Das macht dich sensibler für die Bedürfnisse und Fähigkeiten anderer Menschen um dich herum. Und du hast vielleicht nicht mehr das Bedürfnis anderen deine Lebensphilosophie aufzuzwingen, weil du verstehst, daß jede Person mit den Bauelementen ihres Lebens anders umgeht, daß es viele Möglichkeiten gibt, daß es Berührungspunkte gibt zwischen dir und anderen, aber daß jede ihren Weg geht.

Verständnis der kosmischen Einflüsse hilft, einen sinnlosen Verschleiß von menschlichen Beziehungen zu vermeiden.

Sternendeutung gibt es schon so lange, wie der Himmel beobachtet wird. Ganz früher, in den matriarchalen Kulturen, aus denen die megalithischen Sonnen- und Mondobservatorien, die Steinkreise stammen, bei den Sumerern, Hettitern, Babyloniern, Ägyptern gab es noch keine Trennung zwischen Himmelskunde (Astronomie) und Himmelsphilosophie (Astrologie). Aus der Beobachtung der Sterne wurden Wirkungen herausgefiltert und aufgeschrieben, die heute noch Grundsteine der astrologischen Deutung sind. Jeder Aspekt, jedes Himmelsereignis wurde registriert und gedeutet. Die Planeten, wie wir sie heute kennen, wurden nach Helden der griechischen und römischen Mythologie benannt. Die Namen der Sternzeichen gehen zum Teil auf die Babylonier zurück, die ihnen besonders wichtige kultische Tiere zuordneten.

Ein Wechselspiel zwischen Kosmos und Erde kristallisierte sich heraus, das sich periodisch und berechenbar veränderte; Töne, Schwingungen, Licht, Strahlen wurden registriert, die auf uns einwirken und Reaktionen auslösen.

Am deutlichsten können wir selbst die Wirkung von Sonne und Mond auf unser Leben beobachten. Die Sonne gibt uns Lebenskraft, Hoffnung, Freude. Manche Gegenden der Welt dörrt sie völlig aus und enthüllt dort ihre zerstörerische Kraft. Wenn sie nicht scheint, sind wir gedrückt. Wo zu wenig Sonne ist, werden die Menschen traurig, krank, blutleer. Auch die Auswirkungen des Mondes auf uns sind deutlich: bei Vollmond steigt die Zahl der Unfälle, Selbsttötungen, der Operationskomplikationen und Nachblutungen, aber auch die Zahl der Geburten. Manche wandeln im Schlaf und sprechen. Auf Verliebte wirkt der Vollmond besonders stark. Und für Hexen und Zauberinnen sind die Vollmondnächte Zeiten der Feste und Ekstasen. Der Mond beeinflußt das Wachstum von Pflanzen, Tieren und Menschen. Er hat Einfluß auf das Wetter, auf die Meeresgezeiten und auf die Menstruation der Frauen. Das alles wird aus gutem Grund heute nicht mehr bezweifelt.

Es gibt noch andere subtilere Strahlungen, mit Geräten vielleicht noch nicht meßbar, dennoch aber vorhanden (wie wir wissen, ist unser Körper sensibler als je irgendein gebautes Gerät!). Diese Energien kommen von den Planeten, den Asteroiden, den fernen Sonnen, von fremden Galaxien. Es wird sicher noch einige Zeit dauern, bis Wissenschaftler diese Strahlung identifizieren, benennen und als existent bekanntgeben, weil Wissenschaftler meist nicht mit dem Körper und ihren Gefühlen, nicht mit ihrer Intuition arbeiten, sondern mit Theorien, mit Versuchsreihen. Es gibt diese Strahlen, und es ist ein bißchen wie mit dem Penicillin, mit dem irische Bäuerinnen bereits ihre Kinder heilten, als es noch gar nicht erfunden war.

Energien aus dem Kosmos sind hohe Energien. Wir müssen mit ihnen umgehen lernen, wenn wir nicht überrumpelt werden wollen.

Ich kann in einer Vollmondnacht zwar mein Auto zu Schrott fahren, ich kann aber auch etwas Konstruktives tun, mir die Energien dieser Nacht bewußt machen und damit arbeiten. Ich kann die Mondenergie zum Beispiel beim Pflanzen nutzen (was über der Erde blüht und Früchte trägt, sollte bei Vollmond gesät, was unter der Erde wächst und Früchte trägt, bei Neumond gesät werden), ich kann sie auch gegen mich richten und mich damit zerstören. Das ist eine Frage der Wahl und der Entscheidung, nicht eine Frage der Existenz dieser Kräfte.

Es gibt Menschen, die die Beschäftigung mit dem Kosmos unpolitisch finden und das Ganze für Aberglauben, für eine Ablenkung vom Wesentlichen halten. Es geht aber nicht um Glauben, sondern um neue Erfahrungen, neue Erlebnisse, neues Wissen, mit dem wir arbeiten können.

Stell dir vor, für eine Minute wäre die Schwerkraft der Erde aufgehoben, stell dir vor, die Erde fiele aus der Umlaufbahn um die Sonne, stell dir vor, die Erde veränderte ihre Achse und ihre Pole. Stell dir vor, die Sonne würde erkalten. Dann kannst du dir vielleicht auch vorstellen, wie wesentlich diese Kleinigkeiten für unser Leben sind, und daß es sinnvoll ist, beides nicht aus den Augen zu verlieren, unsere Realität auf der Erde, aber auch das Wissen, daß wir mitsamt unserem Mikrokosmos im Universum schweben, im Makrokosmos, dessen Kräfte auf uns einwirken.

Stell dir vor, du machst eine Reise zu den Planeten und erfährst aus der Nähe, was sie ausstrahlen ...

II DIE REISE ZU DEN PLANETEN

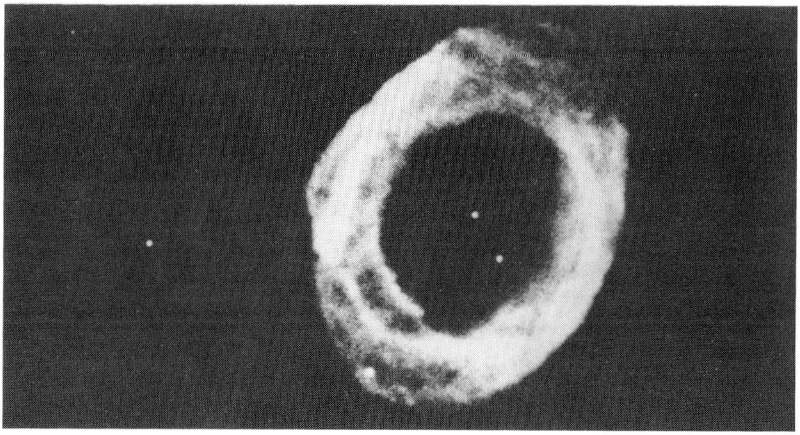

Ich habe die Energien der Planeten oder der Sterne niemals als „weiblich" oder „männlich" empfunden. Umso schwieriger ist es bei der Beschreibung dieser Planeten zu akzeptieren, daß außer Venus praktisch alle Planeten und Himmelslichter, wie auch die Fixsterne mit männlichem Artikel und männlichen Eigenschaften versehen wurden und von patriarchalen Begriffen eingeengt wurden. Im Text wechsle ich daher den Artikel des jeweiligen Planeten immer wieder aus, um die Leserin für dieses Problem zu sensibilisieren. Ich möchte damit eine Irritation im alten Denkmuster auslösen, das ich selbst noch nicht überwunden habe. Ich bin mir lediglich sicher, daß es auf die Überwindung der Rollenverteilung ankommt, daß wir „männliche" wie „weibliche" Energien in uns spüren und ausleben müssen, weil wir erst dann zu einem *Ganzen* werden können.

Einige Planeten erhalten neue Namen: Der patriarchale Jupiter hat in der Mythologie *Hera* abgelöst, die ursprünglich die Gesetzgebende war. (Literatur dazu findet sich in der Literaturliste am Ende des Buchtextes.) Ich benenne Jupiter deshalb Hera/Jupiter. Uranus-Energien haben mit der Muse Urania sehr viel mehr zu tun, als mit Uranus, denn Ouranos heißt auf griechisch schlicht Himmel, während Ourania zu den neun Musen, Göttinnen der Kunst, der Musik, der schönen Künste, der Dichtung usw. gehörte und die Astronomie, die Kenntnis des Kosmos verkörperte. Deshalb bezeichne ich den Planeten Uranus *Urania*/Uranus. Ähnlich ist es mit Neptun, dem griechisch-römischen Mythengott der Meere und Gewässer. Hier ist die patriarchale Verdrängung am deutlichsten zu sehen: Während die sumerische und babylonische Mythologie noch die Urmutter des Chaos und des Meeres *Tiamat* kannte, die aus ihrem geflügelten Schlangenleib die Meere gebar, wurde aus dieser unerbittlichen und furchtbaren Göttin bei den Griechen und Römern schnell ein kontrollierbarer patriarchaler Neptun/Poseidon, der dann auch die Meere (die ja bereits geboren worden waren) nur noch verwaltete. Ich habe deshalb dem Neptun im Namen die Tiamat vorangestellt. Die traditionellen Bezeichnungen habe ich nur deshalb beibehalten, weil zweifellos die von uns männlich definierte Energie auch mit diesen Planeten verbunden ist.

Der Venus habe ich die Bezeichnung *Ishtar* hinzugefügt, da dieser Planet in Sumer und Babylonien als Ishtar bekannt war. Ishtar ist in dieser Mythologie die Göttin des Lebens, des Feuers, auch der Gewalt, und der Liebe. Die im Patriarchat etwas verkitschte Venus hat Ishtar in der römischen und griechischen Mythologie abgelöst. Der Aspekt der Grausamkeit und Unerbittlichkeit, den Ishtar hat, ist dadurch verlorengegangen.

Das Boot, das uns ins All trägt, ist ganz aus Licht und Farbe gebaut. In dem Augenblick, wo du es betrittst, löst du dich selbst in deine einzelnen Teilchen aus Licht und Farbe auf.

Wir lassen das Schwerkraftfeld der Erde hinter uns. Der Raum ist dunkel, aber wir nähern uns einem hell schimmernden Planeten. Eigentlich ist es kein wirklicher Planet, es ist unsere Schwester, die uns umkreist und die einmal ein Teil unserer Erde war.

MOND

Als Mond und Erde sich trennten, wurde die Erde aktiv und geschäftig und Mond ruhig. Mond umkreiste die Erde und sah ihr zu, ohne einzugreifen. Auf der Erde entwickelte sich Leben: Meere, Einzeller, Pflanzen, Tiere, schließlich auch Menschen.

Die Menschen bauten, pflanzten, forschten, entwickelten. Mond nahm Licht von der Sonne auf und gab Licht ab an die Erde, das Licht der Nacht. Die Menschen sahen Mond und verehrten sie. Sie war ihre Nacht, ihr tiefes Bewußtsein. Sie tanzten und ahmten den Kreislauf von Mond um die Erde nach. Mond gab ihnen das Gefühl, daß sie verbunden waren mit größeren Energien als denen, die sie selbst produzierten. Sie entwickelten die Vorstellung einer Mondgöttin. Diana, Artemis, Selene, Mumu, Hekate ... Was auf der Erde nicht Platz hatte an Träumen, Sehnsüchten, wurde auf Mond gelegt. Mond ist Trägerin aller Träume, aller geheimen Gedanken, Mythen, Religionen. Mit Gedankenkraft von Menschen in tausenden von Jahren auf Mond gelegt, werden all die Energien lebendig, wenn sie mit Gedankenkraft wieder zurückgerufen werden. Mond nimmt die Schwingungen auf und gibt sie wieder zurück. Mond ist die Hüterin unserer Gefühle, unserer Verletzlichkeit, unserer reinen Liebe.

Es gibt eine starke energetische Verbindung zwischen Mond und Erde. Durch ihre starke Strahlung, die bei uns die Bewegung der Meere auslöst, Menschen, Tiere und Pflanzen in ihrem Wachstum beeinflußt, die uns spirituell wachsen läßt, und durch ihre stetige Wandlung ist Mond unsere Seelenführerin geworden. Das Wachsen, Strahlen, Abnehmen und Sich-Verschleiern ist eine ständig sich erneuernde Botschaft. Wer sie entschlüsseln lernt, findet das Tor zu ihrem spirituellen Körper. Wer sie nicht versteht, kommt in Spannungen, reibt sich auf.

Das Wissen, das seit Jahrtausenden auf Mond gelegt und dort in Schwingungen versiegelt wurde, erschließt sich nicht leicht. Der Weg ins Geheimnis von Mond ist der Weg ins Labyrinth der Gefühle, der Intuition, der Verletzlichkeit. Öffne dich, ohne zu fordern. Laß deine Gefühle zu, ohne sentimental zu sein. Höre auf die Botschaften ohne den Druck, sie entziffern zu müssen. Dann merkst du, daß du sie seit langem in dir fühlst, daß sie in dir wirken, seit du auf dieser Erde lebst. Sie waren nicht laut und verständlich wie Sprache. Das Neonlicht hat das Mondlicht überstrahlt. Überall sind die Nächte illuminiert. Mit aller Macht versuchen die Städte, die Dunkelheit auszusperren. Aber dennoch ist es da, das Licht der Nacht. Es braucht keine spektakulären Auftritte, keine grellen Farben und ist doch immer wieder atemberaubend und überraschend. Es ist uralt. Und so ist es mit unseren Gefühlen. Sie nutzen sich nicht ab, sie sind immer in uns, seit Urzeiten. Wir können uns auf sie konzentrieren oder sie verdrängen. Wir können das Mondlicht in uns einfließen lassen oder im Kunstlicht untertauchen. Das ist keine Frage der Moral oder Pflicht, es ist die Entscheidung jedes Menschen allein. Wie auch immer wir uns entscheiden: die Kraft von Mond bleibt stark und gleichmäßig, sie begleitet uns durch alle Reinkarnationen, bewußt oder unbewußt. Es enthält die ganze Substanz menschlicher Gefühle und Empfindungen. Wer sich auf die Suche macht, kann das Geheimnis von Mond entschleiern.

Wir schweben über die Rückseite von Mond. Dieser Teil ist von der Erde aus nie sichtbar. Dies ist auch der Teil von Mond, der uns tieferes kosmisches Wissen vermitteln kann, wenn wir uns weit genug hineinwagen. Es trägt uns über die Erdanziehung hinaus, vermittelt uns das Wissen der Kraft kosmischen Lichts, den Puls einer Energie, mit der wir Materie überwinden, zu Schwingungen werden können.

Astrologisch:
Mond hütet die Opale, das Elfenbein, Mondsteine und Perlen. In diesen Materien ist die Energie von Mond am stärksten. Aluminium und Silber

sind die Metalle, metallischgrün, silber und weiß die Farben von Mond. Das Sternzeichen Krebs wird Mond zugeordnet, die Eigenschaften, die sie dort anregt, sind spirituelle Fähigkeiten, Intuition, intensive Gefühle, Suche nach dem Verborgenen. Seerosen, Weiden, Lilien und alle Pflanzen, die das Wasser im Menschen beeinflussen, sind ihre Schützlinge. Lymphdrüsen, die Brüste und das Kleinhirn reagieren am stärksten auf die Mondenergie. Ihr Element ist Wasser, ihr Tag der Mon(d)tag. Die Energieform ist Gestaltungskraft.

Unser Raumschiff, das in allen Farben sanft schimmert und sich ständig neu zusammenzusetzen scheint, trägt uns weiter hinaus ins All. Wir beschreiben einen Bogen, lassen die wunderschöne blaue Erde mit ihren weißen Wolkenschaumkronen hinter uns, lassen auch hellgelb schimmernd, von Kratern geprägt, Mond hinter uns und fliegen so schnell wie das Licht mit der Energie des Lichts zur

ISHTAR/VENUS ♀

Ein dichter Gürtel von gelbroten Wolken umgibt sie. Nichts ist zu spüren von der kühlen Distanz von Mond, deren Geheimnisse sich nicht so leicht erschließen. Venus kocht. Über ihre Gebirgszüge fegen Sturmwolken, entladen sich in Schwefelblitzen, ballen sich zu dicken, fülligen Wolkenbergen. Vulkane brodeln auf ihrer Oberfläche. Venus hat eine sehr dichte, heiße Atmosphäre. Der schwefel-fluorhaltige Regen der Venus verhindert, daß allzu neugierige Wissenschaftler sie erforschen. In kurzer Zeit fallen Meßgeräte aus, verrosten Sonden und werden Apparate wirkungslos.

Auf Venus konzentrieren sich die Energien, die weiblich definiert sind. Nicht nur ist ihre Atmosphäre ordnungsfeindlich, schwer „in den Griff zu kriegen", chaotisch, heiß, drückend, explosiv, auch im Übertragenen sind die Gefühle, die auf Venus projiziert werden, verbunden mit Hitze, Brodeln, Sich-Entladen. Venus verkörpert die Sinnlichkeit, Erotik, die Schönheit des Ungeordneten, Liebe, Schöpfungskraft und Einfallsreichtum.

Alle Hügel, Täler, Berge und Vulkane auf Venus sind nach mythischen Frauengestalten benannt. Chaos, Liebe, Sinnlichkeit und Fülle sind aber natürlich nicht nur weibliche Energien. Sie entstammen dem Zustand vor der Definition von männlich und weiblich. Venusenergie in einem Mann kann die Rationalität zum Rosten bringen und auflösen, kann sich unkontrolliert entladen, weil ein Zustand von Fülle erreicht ist.

Venus hat Phasen wie Mond, das heißt, sie nimmt zu, ist voll, nimmt ab und ist verschleiert. Das Wechselhafte, Wandelbare gibt ihr die Nähe zu Frauen. Das Sich-Verwandeln, das Spiel mit dem eigenen Bild, die schreckliche Schönheit der Medusa, der überirdisch-schöne Anblick, der die Lebenskraft raubt, das macht sie zum Kultplaneten des Weiblichen seit uralter Zeit.

Astrologisch:
Venus ist die Hüterin über Achate, Smaragde, Diamanten. Ihr Metall ist das Kupfer, ihre Farben sind satte Grün- und Blautöne, wie Indigo. In der Astrologie unseres Kulturkreises ist Venus dem Stier und der Waage übergeordnet; ihre treibenden Kräfte im Stier sind Sinnlichkeit und Fülle, in der Waage schöpferische Energien.

Venus wirkt besonders auf Blüten und Früchte über der Erde. Im menschlichen Körper regiert sie die weiblichen Geschlechtsorgane, Niere, Blase, Drüsen- und Hormonsysteme und das Netz der Venen. Ihr Element ist die Erde, ihr Tag ist der Freitag. Ihre Energieform: Gefühlskraft.

Wir treiben mit unserem Boot auf den immer heller werdenden Raum zu.

MERKUR ☿

liegt vor uns. Merkur ist der Sonne am nächsten. Bei ihrer Geburt hat er sich für den Platz unmittelbar in ihrem Umfeld entschieden, ständig umflutet von ihrem Licht und ihrer Wärme, ihren Tönen und Schwingungen. Er ist der Botschafter der Sonne, Träger ihrer Energie, Übermittler ihrer Schwingungen. Merkur ist eine große, eisenreiche Transmitterstation. Auf seiner Oberfläche ist ein riesiger Einschlagkrater, Calorisbecken genannt, der in seinem Inneren von konzentrischen Ringen und Rillen durchzogen ist und so ein Bild erstarrter Schwingungen zeigt. Merkur umrundet die Sonne sehr schnell, in 88 Erdentagen, dreht sich aber sehr langsam um seine eigene Achse. So kommt es, daß von einem Sonnenaufgang auf Merkur zum nächsten rund zwei Merkurjahre, also 176 Tage vergehen. Wir empfinden Merkur als hellen, wachen, schnellen Planeten.

Merkur ist vom Element Luft mit all seinen Auswirkungen (Tönen, Schwingungen, Farben, Licht, Geschwindigkeit) beeinflußt, deshalb wird er dem Geist, dem Intellekt, der Kommunikation zugeschrieben. Merkurenergie macht uns wach und beweglich, aufnahmefähig, macht uns zur Transmitterstation, bereit Wissen weiterzugeben, durch Merkur werden wir zu einem Träger von Schwingungen. Wir werden hell, wie die Sonne Merkur hell macht.

Hohe Energie schwirrt uns um die Ohren, mit der wir bewußt umgehen müssen, weil sie uns sonst zerreißt. Wie wir auch mit der Kraft des Intellekts vorsichtig umgehen müssen, weil die „messerscharfen Argumente", die „stichhaltigen Beweise", die „spitzen Bemerkungen", die „giftigen Anspielungen“ eben schmerzen und verletzen können.

Astrologisch:

Merkur betreut die Topase, Kristalle und Aquamarine, die so klar und hell sind (die einzelnen Quarzteile eines Kristalls haben auch nach Millionen von Jahren immer noch dieselbe gleichmäßige Schwingung, weshalb sie auch in Uhren und Computer eingebaut werden). Das Metall des Merkur ist das Quecksilber, vermutlich weil es sich so schnell verflüchtigt und weil es seinen Zustand verändern kann (von flüssig zu Gas).

Violett ist die Farbe des Merkur. Seine Sternzeichen sind die Zwillinge und die Jungfrau, wobei er in den Zwillingen die Ambivalenz von Wissen und Anwendung, in der Jungfrau die analytische Fähigkeit und den Einfallsreichtum auslöst.

Merkurenergie ist am stärksten in Moos, Schilf, Lavendel, Mandragora, Fenchel und allen Räucherkräutern wie Rosmarin, Pinien, Weihrauch und Myrrhe. Merkur beeinflußt im Körper das Gehirn, das Nervensystem, die Sprachorgane und die Schilddrüse. Merkurs Element ist die Luft. Sein Tag ist der Mittwoch. Energieform: Verstandeskraft.

Unser Raumschiff ist in hohe Schwingungen geraten, wir verlieren die Erinnerung an unsere ursprüngliche Form, alles ist Licht und Hitze, wir treiben auf die Sonne zu und scheinen uns in ihrer alles schmelzenden Hitze aufzulösen. Wir müssen unseren Energiekörper verwandeln, mit der Energie der

SONNE

gleichstellen. Sie ist die Urform von Hitze und Licht, von reiner Energie, von starken Impulsen. Ständige Explosionen, Protuberanzen erschüttern ihren Körper. Hier ist der Schoß unseres Sonnensystems. Die Energie ist so groß, daß sie noch Millionen von Lichtjahren verspürt, Milliarden von Lichtjahren gesehen werden kann. Alles Leben auf der Erde hängt von der Sonne ab. Sie ist ein glühender, pulsender, tobender, brodelnder, leuchtender Kern aus heißem Gas. Die Sonne ist Symbol für Anfang und Ende, sie ist in ständiger Bewegung. Von ihr toben Protonen- und Elektronenstürme, Sonnenwinde und heiße Gaswolken in den Kosmos und von dort zu allen Planeten. Die Sonnenflecken wirken sich auch auf die Erde aus. Gibt es weniger Flecken, so entstehen bei uns eiszeitliche Bedingungen (zum Beispiel 1683 und zu Beginn des 19. Jahrhunderts). In die gigantischen Feuerströme, die die Sonne von ihrer Oberfläche hinaus spuckt, würde unsere Erde fünfzehn- bis zwanzigmal hineinpassen. Die Sonne tanzt einen ständigen Tanz feuriger Schöpfung. Aus diesem Tanz erhalten wir unsere Lebenskraft, unser Licht, unsere Wärme. Wir sind ihr aber auch so ausgeliefert, daß sie uns zerstören, alles auf der Erdoberfläche verbrennen kann. Wir müssen ihre Energie gezielt nutzen und wo es Not tut, eindämmen, sonst verdorren wir in ihrem Bauch aus Feuer. Wenn wir unsere Energien auf sie einpolen, erfahren wir vielleicht manchmal das Ausmaß ihrer Macht. Sie gibt uns Vitalität, Euphorie, schöpferische Kraft, Lust, Freude, Wärme. Die Sonnenstrahlen, ihre Schwingungen und hochenergetischen Töne sind die Nabelschnur zwischen ihr und uns. Durch sie kommt unsere kosmische Nahrung, unsere Lebensfähigkeit. Ohne Sonne gibt es kein Wachstum, der Austausch mit der Sonne bedingt unser Leben.

Auf sie wurden seit alters her alle Gefühle für Macht, Entfaltungsfähigkeit, Leben, Licht, Sexualität, Schöpfungskraft projiziert. Sie trägt all die Erinnerungen an Leben, Befruchtung, orgiastische Lust, explosive Vitalität. Wenn wir uns auf ihre Schwingungen einstellen, sind wir an ein uraltes Programm pulsender Lebenskraft angeschlossen. Wir brauchen einen starken, gesunden Körper, um ihre Kraft in der vollen Wucht auszuhalten. Im Übertragenen bedeutet das: ein Mensch, der zuviel Macht und Einfluß hat, geht daran auf irgendeine Weise zugrunde, wenn er nicht lernt, in dem Maß Energie abzugeben wie er sie aufnimmt. Die Sonne ist eine Herausforderung an unsere Fähigkeit zu teilen, weiterzugeben und zu leiten.

Flimmernde Hitze, Trockenheit, Atemlosigkeit, Taumeln und Drängen erfaßt uns, wenn wir uns dieser Energie ausgeliefert fühlen. Elektrizität ist eine Nebenerscheinung. Wir müssen geerdet sein, ableiten können, wenn wir die Sonnenenergie im für uns zuträglichen Maß erfahren wollen.

Astrologisch:
Das Metall der Sonne ist das Gold, Rubin und Diamant sind ihre Steine, in denen sie die besten Energieträger gefunden hat. Alle Orange- und Gelb- und Rot-Töne sind ihre Farben. Das Sternzeichen, in dem sie ihre volle Kraft entfaltet, ist Löwe. Sie bewirkt dort Wärme, Leidenschaftlichkeit, Lebenslust. Alle gelben Heilkräuter, Orchideen, Orangen, Zitronen, Hirse und Getreide enthalten die Energie der Sonne am stärksten.

Im Körper wirkt sie besonders auf das Herz und die Wirbelsäule, sowie den Blutkreislauf. Ihr Element ist das Feuer, Sonntag ist ihr Tag und ihre Energieform ist: Lebenskraft.

Unser Boot setzt sich neu zusammen. Wir erkennen wieder die Regenbogenfarben, das leichte Summen und Tanzen der Partikelchen, wir wenden uns ab vom glühenden Licht der Sonne. Wir fühlen wieder unsere eigenen Schwingungen, der Puls der Sonne wird schwächer, es wird kühler. Wir müssen unsere Kraft wieder aus dem Licht ziehen. Wir fliegen einen weiten Bogen, vorbei am hell leuchtenden Merkur, an der schwefelgelben Venus, am elfenbeinfarbenen Mond, an der grünblauen Erde mit ihren weißen Wolkenspiralen und bewegen uns der Tiefe des Raums zu. Wir nähern uns

MARS ♂

Er ist der erste der äußeren Planeten. Venus ist unsere Nachbarin auf der Sonnenseite, Mars ist unser Nachbar auf der kalten Seite. Nur wenig Wärme erreicht ihn noch von der Sonne. Aus seinen fahlroten Nebeln und Wolken tauchen vier dunkle Spitzen wie Türme auf: es sind riesige erloschene Vulkane. Gespenstisch und düster wirkt die Oberfläche des Mars: Erinnerung an einstmaliges Leben. Vielleicht war Mars einmal das, was die Erde ist, vielleicht entstand aus seiner Zerstörung die Legende vom kriegerischen Mars. Es gibt Täler und Schluchten, die auf riesige Wasserläufe hinweisen, es gibt Löcher, die einmal Meere gewesen sein können. Wenn irgend etwas hier Leben zerstört hat, so muß es eine furchtbare Gewalt gewesen sein.

Vielleicht eine solche Gewalt, wie sie uns jetzt in Form von Kernwaffen und Atomkraftwerken bedroht. Mars ist das Sinnbild für Gewalt und kriegerische Auseinandersetzung, von Zerstörung geworden.

Die Atmosphäre von Mars besteht zwar aus Kohlendioxyd, ist jedoch dünner als die von Venus, es gibt Spuren von Wasserverdampfung. Unter der Oberfläche von Mars befinden sich vermutlich große Flächen eingefrorenen Wassers. Auf das Prinzip der Männlichkeit bezogen, könnte das im übertragenen Sinn heißen: unter der harten, fast leblosen Schale liegen große Flächen von Intuition, Gefühl, Verletzlichkeit. Unter der unzugänglichen Kruste findet sich ein großes Potential an Lebenskraft, Zärtlichkeit, Nahrung. Im Gegensatz zur Erdoberfläche ist die Marsoberfläche starr und unbeweglich. Mars ist daher auch Symbol für Verfestigung, Starre, Härte, aber manchmal auch harte Aktion, die etwas in Gang bringt. So unerbittlich wie das Klima auf dem Mars ist seine übertragene Kraft: Mut, Kampf, Nicht-Nachgeben, Durchsetzen.

Astrologisch:
Mars steht auch für den Überlebenswillen. Auf den Mars wurden seit Urzeiten Überlebenswille, Männlichkeit, Aktivität und Unbeirrbarkeit projiziert. Unter den Steinen enthalten vor allem der Amethyst, Magnetstein und Granat die Energien des Mars. Sein Metall ist das Eisen. Rot und Schwarz sind seine Farben – die Farben von Leben und Tod. Er herrscht über die Sternzeichen Widder und Skorpion, im Widder zeigt er sich als Durchsetzungskraft, Sturheit, Mut, im Skorpion bewirkt er die Suche nach Todeserfahrungen, Risikofreude und selbstlosen Einsatz für andere.

In Nesseln, Kakteen, Knoblauch, Zwiebeln, Rettich und Tabak entfaltet Mars seine größte Kraft. Ebenso in den Muskeln und den männlichen Geschlechtsteilen. Sein Element ist Feuer, sein Tag der Dienstag, seine Energieform: Tatkraft.

Das Raumschiff ist getaucht in ein ständiges Farbenspiel aus Blau, tiefem Grün und Silber. Wir treiben durch den Asteroidengürtel, der hinter dem Mars die Sonne umkreist. Die Asteroiden geben uns leichte Impulse ab, die denen der Planeten ähneln, aber viel schwächer sind. Sie trennen die schneller laufenden Planeten von den langsameren, wie Jupiter, Saturn und die drei Außenplaneten Uranus, Neptun und Pluto. Die Energien, die aus dem Raum jenseits des Asteroidengürtels kommen, sind subtiler. Sie wirken auf unsere Psyche, auf unseren spirituellen Körper und so lösen sie kaum Ereignisse im täglichen Leben aus, sondern geben uns Impulse, die längere Abschnitte unseres Lebens betreffen. Wir sind noch damit beschäftigt, die Kälte durch starke Schwingungen aufzulösen, unsere Angst mit Farbenspielen zu verdrängen, da taucht der Riesenplanet vor uns auf

HERA/JUPITER ♃

Sein Mantel besteht aus einem so dichten Wasserstoff, daß dieser sich wie Metall verhält. Dadurch hat Jupiter ein sehr starkes Magnetfeld. Er ist der größte Planet im Sonnensystem, seine Masse macht siebzig Prozent der gesamten Planetenmasse aus. So ist zu verstehen, wie Hera/Jupiter zur Funktion der/des Gesetzgebenden, Herrschenden kam. Jupiter wird von dreizehn Monden umkreist. Sie ist die Hüterin der Schwelle zwischen Leben und Tod. Als größter Planet wacht er hinter dem Asteroidengürtel über den Innenraum der Sonne, er hat eine große Reichweite und eine starke Ausstrahlungskraft. Seine Zusammensetzung ist anders als die aller anderen Planeten, seine Monde sind zum Teil aktiv vulkanisch. Die Beziehung, die du zu Hera/Jupiter herstellst, ist geprägt von Souveränität, Größe, und starker Ausstrahlung, und vermittelt den Überblick über Zustände und Gefühle, der es erlaubt, Philosophie und Religion zu entwickeln und weiterzutragen. Hera/Jupiter beeinflußt die gesellschaftlichen Ordnungen. Sie ist die schlafende Riesin, die zusieht, wie alles um sie herum aktiv ist. Hera/Jupiters Energien lösen in den Menschen das Bedürfnis aus, sich zu definieren, sich den anderen darzustellen, Wissen zu vermitteln, zu lehren. Hera/Jupiter gibt Mut, Erlerntes weiterzugeben, die Grenzen der Realität zu erweitern. Neue Menschen zu suchen, zu wählen, sich zu entscheiden.

Ihre Schwingungen wirken auf das Zentrum der uralten Erinnerung, durch Hera/Jupiter kommen sie ans Tageslicht. Sie trägt sie nach außen oder gibt den Anstoß dazu. Hera/Jupiter mit ihren Monden symbolisiert auch die Percht mit ihren Gesellinnen der wilden Jagd, die Amazonen der

Großen Mutter sind Heras Töchter, sie vertreten die übergeordnete Gerichtsbarkeit, unerbittlich, unbestechlich, das Recht der offenen Augen. Die Phasen der Hera/Jupiterwiederkehr können wir auf der Erde an den Ringen der Bäume ablesen.

Astrologisch:
Die Farben des Planeten Hera/Jupiter sind warmes Blau und Braun. Zinn ist sein Metall. Malachit, auch Amazonit genannt, und Türkis sind seine besten Energieträger. Seine Pflanzen sind Wacholder, Ginseng, Nelken, Kastanien, Holunder, Hasel und Birke. Seine Sternzeichen sind Schütze und Fische. Im Schützen regt er die Geselligkeit, menschliche Wärme und soziales Verhalten an, in den Fischen die Erkenntnis, philosophische Strömungen und religiöse Gesetze. Im Körper wird er vor allem von Leber, Galle und dem arteriellen Blutkreislauf repräsentiert. Sein Element ist Feuer und Luft. Sein Tag ist der Donnerstag. Seine Energieform: Entfaltungskraft.

Bis Hera/Jupiter reicht der Atem der Sonne. Bis hier spüren wir noch ihre Wärme und ihre starke Energie. Doch als wir Hera/Jupiter und ihre Monde tanzend zurücklassen und uns dem äußeren dunklen Raum zuwenden, verlieren wir fast die Erinnerung an materielles Leben, an unsere menschlichen Belange. Die Tiefe des Alls gibt uns ein Gefühl der Verlorenheit. Obwohl die Weite grenzenlos ist, fühlen wir uns wie Eindringlinge. Weit hinter uns liegt die Sonne: ein kühl leuchtender Ball in der Dunkelheit des Universums.

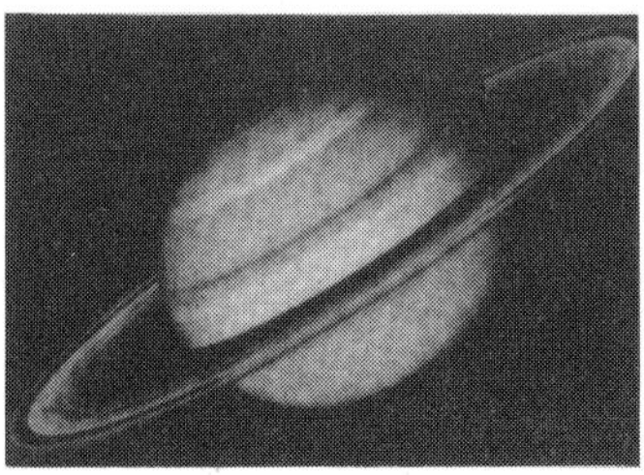

SATURN ♄

In einem unendlichen Totentanz rasen Meteorsteine, Metallteilchen, Erzbrocken in vielen engen Bahnen um Saturn. Saturn ist mit dem bloßen Auge gerade noch zu beobachten, schon Uranus braucht eine optische Vergrößerung. Saturn ist das Tor zum Unbewußten, die Grenze zwischen Materie und kosmischer Energie. Die bleiche Saturn hat eine spiralartige Zeichnung auf ihrer Oberfläche. Sie dreht sich sehr schnell und schickt ihre Strahlen durch die Nacht des Universums. Fünfzehn Monde kennen wir von Saturn. Sie erinnert dich an deine Gebundenheit, bewahrt dich davor, dich zu entwurzeln, dich voreilig für oder gegen etwas zu entscheiden. Gleichzeitig öffnet sie dir das Tor zur Erkenntnis für die Ursachen deiner Abhängigkeit. Saturn ist die Lehrmeisterin mit dem Bambusstock, die dir leicht über die Schulter schlägt, gerade wenn du denkst, du hättest die Lösung gefunden. Sie mahnt dich, weiterzusuchen, dich nicht mit oberflächlichen Wahrnehmungen zufriedenzugeben.

Saturnschwingungen sind das Gefühl in dir, in der Fülle zu leben und trotzdem allein, für dich, zu sein. Sie öffnet dir das dritte Auge, ist die Pforte der Einweihung. Ohne das Verständnis von Saturns Stellung in der menschlichen Astrologie gibt es keine Annäherung an die drei spirituellen Planeten Uranus, Neptun und Pluto. Saturnenergien erschließen sich sehr schwer. Saturn ist da, aber sie bietet sich nicht an. Diese Art von Botschaften entschlüsseln, erfordert die „absichtslose Absicht" des Zen, Reinheit der Gedanken, die frei sein müssen von materiellem Streben, von Ehrgeiz, Wut oder Rachegefühlen. Wenn du Saturns Weisheit entschlüsseln willst, mußt du dich innerlich setzen, so wie aufgewühlter Schlamm im Wasser sich langsam setzt. Nicht durch neues Hinzufügen von Essenzen wird das Wasser am Ende rein und klar, sondern dadurch, daß das Aufgewühlte sich setzt, beruhigt, inaktiv wird. Auch im schlammigen Wasser liegt das Potential des reinen Wassers, die Frage ist dabei nicht, was wir mit dem Wasser tun, sondern was wir *nicht* mit dem Wasser tun.

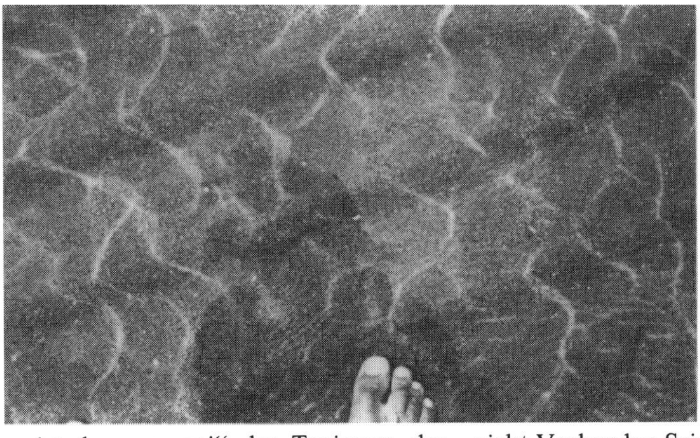

Saturn ist das „wu-wei" des Taoismus, das „nicht-Vorhanden-Sein-von-Tun", das Nicht-tun. Wer studiert, wächst. Wer die saturnische Energie sucht, nimmt jeden Tag ab an Begierden, Wünschen, Plänen. Indem du nicht mehr handelst, gibt es nichts mehr, was du nicht bewirkst.

Astrologisch:

Saturns Kraft steckt im Onyx, auch im Saphir. Ihr Metall ist das Blei. Graublau, dunkelgrün und schwarz sind ihre Farben. Ihr zugeordnetes

Sternzeichen ist Steinbock und auch Wassermann. Im Zeichen Steinbock bewirkt Saturn die Neigung zu Einsamkeit, Pflichtbewußtsein und Reife, im Wassermann spirituelle Klarheit, das Losgelöstsein von materiellen Kräften und Aktivitäten. In Pfefferminze, in Nadelbäumen und -sträuchern, im Feigenbaum, in Tollkirschen und Nachtschattengewächsen findet sich Saturnenergie am stärksten. Im menschlichen Körper sind es die Knochen, der Stoffwechsel, die Milz und die Haut, die Saturn besonders beeinflußt.

Erde und Luft sind die zugeordneten Elemente. Samstag ist ihr Tag. Saturns Energieform ist Konzentrationskraft.

Die Begegnung mit Saturn hat das Gefühl von Einsamkeit und Verlorenheit in uns verstärkt, aber auch unsere Energien konzentriert. Ohne diese Konzentration ist an einen Weiterflug zu den äußeren Planeten nicht zu denken. Hier an dieser Stelle müssen wir mit unserer Angst abrechnen, uns entscheiden. In den äußeren Raum unseres Sonnensystems zu fliegen bedeutet, in den innersten Kern unserer Existenz einzusinken. Da gibt es keine Geschwindigkeit mehr, keine Notwendigkeit zur Aktion, keine Bewegungen. Dunkel, regungslos und absichtslos liegt das Universum wie ein Mantel um uns, der mit vielen kleinen Perlen durchwirkt ist. Aus dieser Stille und inneren Abgeschiedenheit scheint

URANIA/URANUS

auf uns zuzukommen. Mit ihren Botschaften drängt sie sich in unser Bewußtsein, drängt zur Auflösung des Ruhezustands, fordert uns zur Umwälzung aller Wahrheiten, Lehren und Weisheiten, provoziert wieder das Chaos, den Zustand der Verwandlungen, der Un-Ordnung. Urania/Uranus ist der neblige, verschleierte Planet. Erst 1781 wurde Uranus entdeckt und als wandernder Planet erkannt. Ihre Botschaften lange gehört, ehe sie bewußt aufgenommen und umgesetzt wurden. Urania ist das eingefrorene Wissen aus allen Zeiten, Welten, Räumen und Galaxien. Um es aufzutauen, um die wachsende Unruhe in dir zu besänftigen, brauchst du Mut, Entschlossenheit und mußt eine Grenzgängerin zur „Ver-rücktheit" werden. Du mußt die Grenzen zum Wahnsinn, zu dem, was im Rationalen undurchführbar, zusammenhanglos und sinnlos erscheint, überschreiten. Dies alles im Bewußtsein, daß du den Rückweg kennst und wiederfindest. Die Irrenhäuser sind voll von Menschen, dic nur dic Einbahnstraße zu Uranusenergien gefunden haben. Sie sind in den Raum einer anderen Logik eingetaucht, ohne mit dem Austausch von altem und neuem Wissen spielen zu können. Sie sind zudem so sehr damit beschäftigt, die Legitimität ihrer Erfahrungen beweisen zu wollen, daß sich die Erfahrungen dabei selbst auflösen. Urania/Uranus geht über die geistige und intellektuelle Fähigkeit von Merkur hinaus, ist sozusagen die Amme von Merkurenergien, die alles in sich trägt: das Sinnvolle wie das Sinnlose, das Geordnete wie das Verrückte. Nur aus dem Bewußtsein über alle diese Teilchen und Faktoren entwickelt sich der spirituelle Intellekt, den Urania anregt. Ein Zustand miteinander wirkender Gegensätze und Paradoxien. Uraniaschwingungen geben das Gefühl: Ich weiß alles, aber ich sage nicht alles.

Optisch ist Urania/Uranus eine milchig-neblige leuchtende Kugel, die das Wissen über ihre Zusammensetzung in ihrem Inneren hütet. Der Weg zu Urania/Uranus und den folgenden Planeten führt über die Auflösung der Angst.

Astrologisch:

Opale und Perlen tragen die Energie der Urania in sich. Urania-Farben sind alle irisierenden und grünen Farbtöne und elfenbein. Urania/Uranus ist der zugeordnete Planet zu Wassermann und entfaltet in diesem Sternzeichen erneuernde Kräfte.

Belladonna, Tag- und Nachtschatten, Stechapfel und Eichen sind die zugeordneten Pflanzen, die ihre Schwingungen in sich tragen. Das Gehirn und die Fußsohlen sind die korrespondierenden Punkte für Urania/Uranus im menschlichen Körper. Ihr Element ist Luft, ihre Energieform Erneuerungskraft.

Die Berührung mit diesen Energien hat uns die Angst genommen. Wir schweben in unserem irisierenden, schimmernden Raumschiff weiter. Wir sind leicht und fühlen keine Begrenzungen, weil wir die Grenzen unserer eigenen Existenz transzendiert haben. Wir bewegen uns frei in allen Erinnerungen und Wahrnehmungen im Kraftfeld von

TIAMAT/NEPTUN ♆

Ohne das Bedürfnis nach Vernunft, Begründungen oder Sicherheit zu fühlen sind wir offen für Tiamats/Neptuns Wellen. Sie hütet unsere Urerinnerung. Perlmuttbleich strahlt uns ihre Oberfläche entgegen. Neptuns Kraft ist so groß, daß sie sogar die Bahn des Uranus beeinflußt. Neptun ist genauso groß wie Uranus, aber viel dichter. Je weiter wir uns ins Universum hinaustragen lassen, umso intensiver werden die Schwingungen der Planeten. Obwohl der Raum unendlich weit ist, scheinen wir durch eine immer enger werdende Röhre in unseren Urzustand einzusinken. Erinnerungsblitze, magnetische Strömungen, Visionen, Bilder, Töne, leuchtende Partikelchen, ausgebleichte Gesteinsbrocken, alles fliegt um uns herum, wir nähern uns dem Moment von Auflösung.

Tiamats/Neptuns zwei Monde liegen jetzt wie die Pforte der Einweihung vor uns. Wenn wir hier durchschweben, werden wir nicht sein wie vorher. Das Überschreiten dieser Schwelle ist eine endgültige Entscheidung. Wenn wir nicht genug Kraft haben, gehen wir zugrunde. Du kannst diese Schwelle nur überschreiten, wenn du ganz genau weißt, was du willst.

Wenn du nicht gelernt hast, Trägerin hoher Energien zu sein, wirst du an dieser Stelle ausgebrannt. Wenn du mit dir selbst kokettierst, wirst du hier mit der Wahrheit des Universums konfrontiert. Es gibt nichts von Bedeutung, wenn du hier nicht deine eigene Bedeutung setzen kannst. Hier findest du die uralten Muster deiner Existenz. Tiamat/Neptun öffnet dir die Tiefe deiner Intuition, deine visionäre Kraft.

Astrologisch:
Im Perlmutt konzentriert sich die Kraft von Tiamat/Neptun, das Metall ist Zinn, die Farben sind kühles Blau und Violett. Tiamats/Neptuns zugeordnetes Sternzeichen sind die Fische, dort lösen Neptunenergien Phantasie, die Fähigkeit zum Träumen, die visionären Bilder aus.

Seerosen, Lilien, Mangroven und Lianen sind Tiamats/Neptuns Pflanzen. Im Körper wirkt Neptun auf den Verdauungstrakt und auf das Gefühl. Tiamats/Neptuns Element ist das Wasser, ihre Energieform ist die Phantasiekraft.

Noch im Bereich von Neptun verspüren wir einen starken Sog, es drängt uns weiter, nach außen, wir kümmern uns nicht mehr, ob wir je zurückfinden. Es gibt eine Quelle starker Schwingungen, die wir finden wollen.

PLUTO

zieht uns an. Pluto ist klein, aber sehr sehr dicht und hat eine exzentrische Umlaufbahn um die Sonne; sie ist stärker geneigt als die der anderen Planeten. Pluto kann auch durch stärkste Fernrohre nur als Schimmer gesehen werden. Klein und unvorstellbar dicht ist Pluto, eine Kugel aus gefrorenen Gasen. Er pocht, pulst, schwingt. Pluto sammelt die Schwingungen des äußeren Raums und gibt sie an unser Sonnensystem. Pluto regt die telepathischen Fähigkeiten, unsere Speicherungsfähigkeit an. Er ist die eisgläserne Radiostation unserer Seele. Wenn du seinen Code entschlüsseln lernst, wirst du in die Botschaften des Universums eingeweiht. In 248 Erdenjahren umrundet Pluto einmal die Sonne. Plutos Wechsel in ein neues Sternzeichen war auf der Erde immer eine Zeit großer Umwälzungen, Kriege, Katastrophen. Im Jahr der Wiederentdeckung des Pluto durch Percifal Lowell, 1934, entdeckte Otto Hahn die Atomkernspaltung. Die Energien des Pluto können nicht individuell genutzt werden, für die Handhabung dieser Schwingungen ist die Einigkeit einer Gemeinschaft notwendig. In Hiroshima bewirkte die Meditation buddhistischer Mönche in einem Kloster beispielsweise, daß sie durch ihre konzentrierte Transformation der nuklearen Energie der Bombe verhindern konnten, selbst verseucht zu werden. Plutos Energie provoziert umwälzende gesellschaftliche Ereignisse. Pluto aktiviert sehr starke Kräfte in den Menschen, die, wenn sie kontrolliert und bewußt umgesetzt werden, Berge versetzen, aber auch die Menschheit ausrotten können. Pluto symbolisiert die Schwelle zu Spaltungsenergien. Wenn du diese Schwelle überschreiten willst, mußt du dir sicher sein, damit arbeiten zu können und mit anderen Frauen eng verbunden zu sein.

Nur eine gemeinsame konzentrierte Arbeit mit Plutoenergien kann zerstörerische Kraft transformieren.

Astrologisch:
Plutos Gestein ist Uran und Obsidian. Seine Farbe ist schimmerndes blauschwarz. Pluto wird das Sternzeichen Widder zugeordnet, dort löst er Fähigkeiten aus, aus der Zerstörung Neues zu entwickeln, auf die Gesellschaft auslösend einzuwirken, sich einlösend auszuwirken. Löwenzahn, Taubnesseln und Farne sind Plutos Energieträger. Im Körper sind Plutoenergien in den Händen und in den Ohren am stärksten. Sein Element ist Feuer und Luft, Plutos Energieform ist Transformationskraft.

Unser Raumschiff zieht spiralförmige Bahnen um Pluto und seinen Mond, den Führer in die „Unterwelt“. Das Boot hat alle Farben verloren und leuchtet nun wie ein perlmuttfarbener Nebel. Unsere Kraft ist aufgelöst in kleinste Energieteilchen, wir glauben uns am Ende, aber wir haben noch einen Planeten vor uns

HEKATE

der äußerste Planet unseres Sonnensystems ist zugleich die Verbindung zu einem anderen Sonnenfeld. Diese Grenze bedeutet das Ende der Strahlungen und Einflüsse, die wir erfahren und erarbeiten können. Dieser äußerste und kleinste aller unserer Planeten dreht sich noch mit uns um die Sonne, aber so unmerklich, so langsam, daß eine Bewegung kaum noch wahrnehmbar ist.

Ich habe diesem Planeten den Namen Hekate gegeben, weil er für mich Tod des Alten, des Bekannten, Herausforderung, die Notwendigkeit nach Erneuerung, nach Verwandlung symbolisiert. Die Energien dieses Planeten sind nur in mühsamer Einfühl-Arbeit zu erspüren. Sie erschließen sich nicht leicht. Die Begegnung mit Hekate ist die Begegnung mit der Gewalt des Chaos, des Todes. Sie leitet uns in neue Ebenen und Denkstrukturen. Nichts ist spielerisch an ihr. In meinen Trancen schaue ich sie an, und sie ist von einer funkelnden Dunkelheit. Sie ist die Pupille des Auges in einer Spiegeltrance. Ihre Energie steigt durch mein Rückenmark und sendet Impulse: Suche, forsche, frage, glaube nicht, geh weiter als du je gewagt hast, weiter weiter ... Laß alle Leichtigkeit hinter dir. Erst wenn du dich zu einem winzigen schweren Punkt reduziert hast, kannst du Hekates Kraft spüren. Ich finde sie in Bernsteinen (die Bernsteine meiner Kette haben mich auf ihre Spur gebracht) und im Holz des Holunderstrauchs. In der Lotusblüte spiegelt sich die Schönheit der Alten, Hekate. Ihre Energieform ist die Verwandlungskraft. Bis sie in den gigantischen Fernrohren der Sternwarten auftaucht, suche ich sie in meinen Träumen und Trancen, beobachte ich ihre Kraft in meinem Rückenmark.

Die Impulse, die von ihrer eifarbigen Oberfläche kommen, geben unserem Raumschiff einen Stoß, wir werden in einen starken Strom von Tönen geschleudert, der uns spiralförmig durch den Raum wirbelt. Umgeben von einer niegekannten Musik tanzen wir zurück in den Raum der Farben, sehen, wie aus dem Boot ein Regenbogen erwächst. Die Farben umhüllen uns, wir atmen sie ein, unsere Energiepartikel schwingen mit der kosmischen Musik, immer im Kreis, in immer kleiner werdenden Spiralen. Wir werden schwerer, größer, bunter, das irisierende Boot der Farben und Töne bekommt silbrige Wände, Formen, unsere Regenbögen verdichten sich zu Körpern, wir fühlen die Geschwindigkeit, wir sehen eine blau-grüne Kugel mit weißen Wirbeln auf uns zufliegen. Wir erobern uns das Gefühl für Entfernung und Zeit zurück, wir beginnen zu atmen, wir tauchen ein in den Ring von weißen, dicken Wolken, dann fliegen wir in dem, was wir als strahlendblauen Himmel kennen, umgeben von Wolken, unter uns grüne Wiesen und Wälder. Wir sind zurückgekehrt. Wir landen. Wir sind wieder Menschen, Erdenbewohner, wir schaukeln uns wieder in Raum und Zeit, wir blinzeln in die Sonne. Die Reise ist vorüber. Was uns bleibt ist die Erinnerung an die Berührung der Planeten, die Erfahrung des dunklen, weiten, unendlichen Universums, von dem wir ein Teil sind.

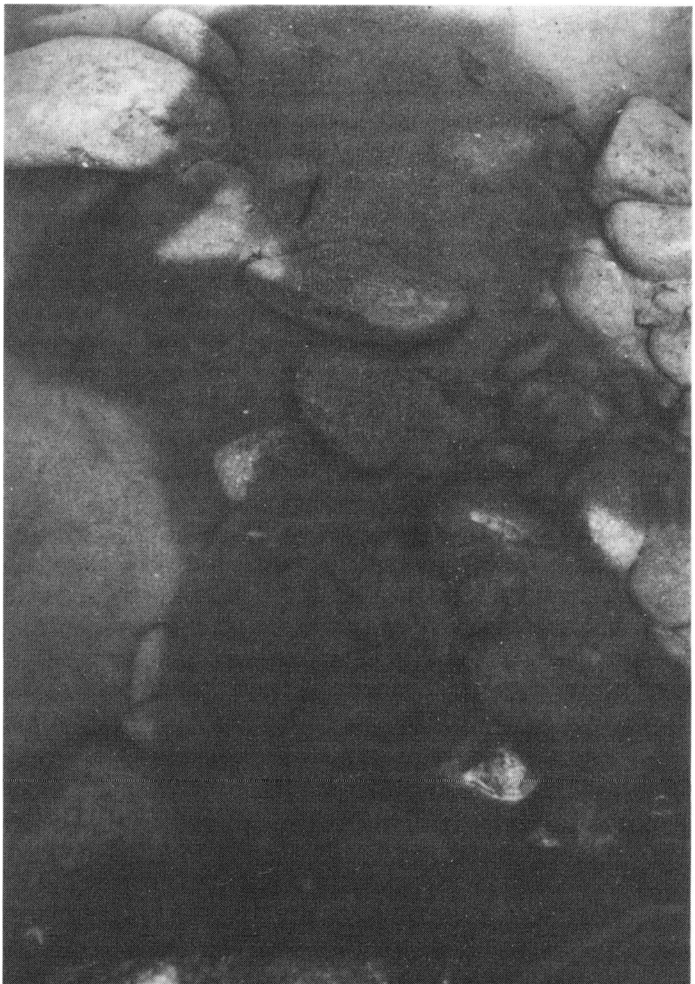

III DIE STERNBILDER

WIDDER ♈ Göttin: *Kybele*

Widder ist das Frühlingssternzeichen, es symbolisiert die aufsteigende, wachsende Kraft. Wenn die Sonne ins Zeichen Widder wandert, beginnt der Frühling. Von alters her war der Widder neben dem Stier das häufigste Opfertier wegen der großen Lebenskraft und Fruchtbarkeit, die man beiden Tieren zuschrieb.

Ein Schamane muß noch heute in Tibet oder in Nepal während des Einweihungsrituals das noch pochende Herz eines Widders im Mund halten. So soll die Kraft des Tieres in ihn fließen. Das Widderblut vertritt das „Wasser des Todes" aus dem Märchen: Erst über den Tod ist eine Erneuerung und Wiedergeburt möglich. Du mußt sterben, um eine neue Lebenskraft zu finden, du mußt den Zyklus vollenden.

Das Sinnbild des Widders ist der Vulkan.

Astrologisch wird Widder als kardinales Zeichen (Hauptzeichen) des Feuers beschrieben, dessen Kraft von innen nach außen wirkt. Seine Eigenschaften sind: Mut, Risikobereitschaft, Impulsivität, leicht zu erregen und zu begeistern. Widder sucht gerne ein Wand, um mit dem Kopf durch die Wand gehen zu können. Widders zugeordneter Planet ist der Mars. Seine Definition: ich bin. Für Widder ist es verlockend, immer Neues zu beginnen. Bei magischen Ritualen vertritt Widder das kultische Feuer. Länder mit zugeordneten Widderaszendenten sind zum Beispiel Deutschland, Palästina, Sizilien. Die zugeordnete Pflanze des Widders ist die Orchidee. Sein Tier ist der Tiger. Seine Zahl die 1. Seine Farbe: lavarot. Der symbolische Ort des Widders ist am Rande eines Vulkans. Widders Stein ist der Amethyst. Körperliche Entsprechungen sind Gesicht und Halsschlagader. Frühlings-Tagundnachtgleiche fällt in die Zeit des Sternzeichens Widder (ein Hauptsabbat für Hexen und Zauberinnen).

Was Widder beginnt, stabilisiert

STIER ♉ Göttin: *Hathor*

Der Stier wurde in Ägypten, in Babylonien, Sumer und vor allem auch in den matriarchalen Kulturen Kretas und Kleinasiens als heiliges Tier verehrt. Es gab Stierspiele, bei denen sich Amazonen mit Stieren unblutig maßen und ihre Kräfte erprobten. Stier ist auch ein Symbol für die Verwurzelung hier auf dieser Erde. Die Hörner von Stier und Kuh waren in vielen orientalischen Kulturen Sinnbild für die Mondsichel. Auch als Opfertier wurde der Stier wegen seiner großen Fruchtbarkeit oft gebraucht. Die Druiden verehrten den weißen Stier, der Mond und Erde verkörperte.

Sinnbild von Stier ist der Acker.

Astrologisch gesehen ist Stier ein festes Zeichen des Elements Erde. Fest, das ist beständig, zuverlässig, unbeweglich. Seine Kraft wirkt von außen nach innen. Stiereigenschaften sind: besitzergreifende Verwurzelung in der Umwelt, Grenzen ziehen, Ausdauer, Stabilität, Geduld. Starke Bindung an Materie, Heim, bekannte Umwelt. Stier zieht überall seine Grenzen und versucht, die Menschen, die ihm nahestehen, innerhalb dieser Grenzen zu halten. Stiere lieben die Veränderung nicht. Sie haben oft eine starke physische Anziehungskraft auf andere. Planet des Stier ist die Venus. Definition: ich habe.

Bei magischen Ritualen vertritt der Zauberbeutel und der Umhang Stier. Länder mit Stieraszendent sind zum Beispiel Schweiz, Schweden, Irland und Kleinasien. Seine Pflanze ist die Heckenrose (Hagebutte), das dem Sternzeichen Stier zugeordnete Tier ist der Bär. (Mythisch gesehen vertritt die Bärmutter die Gebärmutter, Symbol der Fruchtbarkeit.) Seine Zahl ist 2, seine Farbe tannengrün. Der Obstgarten ist der symbolische Ort des Stier, sein Stein ist der Achat, die körperliche Entsprechung ist Hals, Rachen und Nacken. Walpurgis und der 1. Mai (kultische Feiertage und ein Hauptsabbat) fallen in die Zeit des Stier.

Was Stier festhält, will

ZWILLING ♊ Göttin: *Isis*

durchbrechen. Zwillingsgeburten wurden in allen Kulturen mit einer bestimmten Bedeutung belegt. Romulus und Remus, die von einer Wölfin gesäugten Zwillinge gründeten die Stadt Rom. In Afrika und bei den Indianern verkörpern Zwillinge den geteilten Aspekt eines Ganzen. Die eine Hälfte ist die Sonne, der Tag, das nach-außen-Gehen, die andere Hälfte ist die Nacht, der Mond, das nach-innen-gekehrt-Sein. Aber auch: das Helle und das Düstere, das Gute und das Böse. Im Sternzeichen Zwilling kommt diese Zwiespältigkeit durch. Deine Nacht tut, was dein Tag nicht zuläßt, dein Bauch setzt durch, was der Kopf verbietet.

Astrologisch ist Zwilling ein veränderliches, bewegliches Luftzeichen. Sein Sinnbild: Töne und Gerüche. Die Kraft des Zwilling wirkt von innen nach außen.

Eigenschaften sind: Beweglichkeit, Neugier, Erfindungsgeist, Hinwendung nach außen, Kontaktbereitschaft. Zwilling ist gern überall gleichzeitig, das bewirkt gelegentlich das Gefühl von Spaltung. Zwilling ist ein starker Empfänger und Sender von Schwingungen, telepathisch begabt, wenn er an den Fähigkeiten arbeitet und nicht nur an der Oberfläche bleibt. Zugeordneter Planet ist Merkur. Seine Definition: ich denke.

Bei magischen Ritualen vertritt das Räucherwerk das Element des Zwillings, Länder mit Zwillingsaszendent sind beispielsweise Cornwall, Nordafrika, Sardinien, die Pflanze ist Lavendel, das Tier die Fledermaus, die Zahl 3, die Farbe violett. Der Kräutergarten ist Zwillings symbolischer Ort, sein Stein der Opal, seine Entsprechung im menschlichen Körper sind die Arme, die Ohren und das Gehirn.

Was Zwilling erfindet und ausdenkt, beginnt

KREBS ♋ Göttin: *Diana*

zu vertiefen und zu erfühlen und mit Phantasie anzureichern. In der Mythologie symbolisiert Krebs in seiner Gebundenheit an das Wasser das Gefühl. Er ist in seinem Schalenpanzer verborgen und ist dadurch geschützt wie ein Embryo im Uterus. So steht er für Wachstum und tatsächlich ist die Zeit des Krebses in der Natur die Zeit, wo alles Früchte trägt und heranreift. Krebs reagiert auf Schwingungen, wenn er einen Schritt auf dem Boden verspürt, zieht er sich vorsichtig zurück. Krebs ist auch im Übertragenen sensibel auf Schwingungen und zieht sich leicht zurück.

Krebs ist astrologisch gesehen ein kardinales Zeichen des Elements Wasser. Sein Sinnbild: das Meer.

Krebs wirkt von außen nach innen. Eigenschaften des Krebs: starke Gefühle, Empfindsamkeit, Phantasie, auch Ausdauer, Fähigkeit zu Alleinsein und Verzicht. Krebs entwickelt seine Phantasien am besten in der Abgeschlossenheit und kommt erst mit der fertigen Sache ans Licht. Zugeordneter Planet ist Mond. Seine Definition: ich fühle. Bei magischen Ritualen ist die Wasserschale das Symbol des Krebs. Länder mit Krebsaszendenten sind zum Beispiel Schottland, Neuseeland, Nordafrika. Die Blume ist die Lilie, das Tier die Hirschkuh, die Zahl ist 4, nachtblau ist die bevorzugte Farbe. Sein symbolischer Ort ist der Waldweiher, der Stein Smaragd, im Körper entsprechen dem Krebs Brust und Magen. Die Sommersonnwende, ein Hauptsabbat, fällt mit dem Beginn des Krebsmonats zusammen.

Die Gefühle von Krebs setzt

LÖWE ♌ Göttin: *Pele*

in Willenskraft um. Der Löwe wird in fast allen Kulturen wegen seiner körperlichen Stärke und Souveränität verehrt und mit der Kraft der Sonne gleichgestellt. Der Löwemonat ist die Zeit größter Hitze, größter Reife. Im Löwen spiegelt sich für einige afrikanische Kulturen das Licht, nämlich in seiner goldgelben Farbe, seinen bernsteinfarbenen Augen und seiner Mähne. Man schreibt ihm die Eigenschaft zu, niemals die Augen zu schließen, was im Übertragenen eine ständige, unbeirrbare Wachsamkeit bedeutet. Aus diesem Grund wurden viele kultische Tempel, zum Beispiel bei den Hettitern, in Ur, Mesopotamien, in Kreta, mit steinernen Löwen gesichert. Vor dem Ishtartor in Ur lagen ursprünglich rechts und links zwei Löwen, um die Göttin zu schützen. Kybele fuhr einen Wagen, der von Löwen gezogen wurde.

Astrologisch ist der Löwe ein festes Feuerzeichen. Seine Kraft wirkt von innen nach außen. Sein Sinnbild: die Sonnenkraft.

Eigenschaften: Selbstbewußtsein, Ehrgeiz, Willenskraft, Offenheit, Wärme, Entschlossenheit, Ausdauer, Autorität. Löwe sonnt sich in der eigenen Hitze und fühlt sich unverletzlich auch da, wo er schon verletzt ist. Definition: ich will. Bei magischen Ritualen vertritt der Zauberstab das Prinzip des Löwen. Länder mit Löwenaszendent: Italien, Frankreich, die Alpen, Oregon. Die Pflanze ist Rosmarin, das zugeordnete Tier der Salamander, die Zahl 5, Farbe: goldgelb. Der Weinberg ist der symbolische Ort des Löwen, sein Stein der Rubin, die körperlichen Entsprechungen sind Rücken und Herz, sowie der Blutkreislauf. Ein Hauptsabbat, Lammas, vom 1. auf 2. August, fällt in die Zeit des Löwen. Zudem ist der ganze Monat August die Zeit für das Sammeln von Heilkräutern.

JUNGFRAU ♍ Göttin: *Innana*

das Zeichen der Ernte und der Reife beschließt die erste Hälfte des Zodiak-Kreises. Sie ist die Gestalt der reinen Göttin, die das Gewachsene und Gereifte einbringt und bewahrt. Was in der christlichen Mythologie mit „jungfräulicher Unschuld“ und Maria gleichgesetzt wurde, war früher die Verehrung der Göttin, die nicht an Familie, Heim, Haus oder an gesellschaftliche Strukturen gebunden war. Die Jungfrau, die zur Maria wurde, ist in Mitteleuropa eine der wenigen Erinnerungen an die Zeit der Bergfrauen, der weißen Frauen, der Saligen, der Moosfrauen, der wilden Frauen. Was einst Frauenhaar, Frauengras hieß, wurde umgetauft in Marienhaar, Mariengras. Die weisen Frauen, die Schamaninnen, die Zauberinnen, die Heilerinnen wurden von der Inquisition ausgemerzt und etwas verändert als „Heilige“ wieder dem Volk zurückgegeben. Die Kraft der Jungfrau ist die Kraft der Göttin, die die Ernte schützt und segnet. Sind die Löwe-Feste orgiastisch und wild, so ähneln die Feste der Jungfrau Weihe-Ritualen.

Astrologisch ist die Jungfrau ein bewegliches Zeichen des Elements Erde.

Ihr Sinnbild sind Blumen und Früchte. Die Kraft der Jungfrau wirkt von außen nach innen. Ihre Eigenschaften: Zurückhaltung, analytische Fähigkeit, Genauigkeit, Zuverlässigkeit, Methodik. Ihr Planet: Merkur. Jungfrau ist nicht leicht zufriedenzustellen, Eile spielt für sie keine Rolle. Sie prüft alles um sie herum so lange, bis sie jedes Teilchen davon erfaßt hat, dadurch verliert sie manchmal die Kraft der Spontaneität. Definition: ich analysiere.

Bei magischen Ritualen ist es der Altarstein oder die Kultfigur, die das Prinzip Jungfrau symbolisiert. Länder mit Jungfrauaszendent: Brasilien, Kreta, Elsaß. Die Pflanze ist der Haselstrauch, Tier ist der Hase, die Zahl ist 6, die Farbe indigo. Symbolischer Ort der Jungfrau ist das Moor, die Heide, die Macchia. Ihr Stein ist der Bernstein, die körperliche Entsprechungen: Bauch und Eingeweide. Die Kräuter, die im Löwen gesammelt werden, sollen im Zeichen der Jungfrau besprochen, geweiht und gelagert werden.

WAAGE ♎ Göttin: *Maat*

vertieft das Prinzip des Abwägens, das Jungfrau begonnen hat. Während Jungfrau im zodiakalen Kreis die erste Hälfte, nämlich die innere Entwicklung beendet, beginnt Waage die zweite Hälfte, die Taghälfte, oder auch die Zeit, in der die gesammelten Kräfte vertieft und angewandt werden.

In der Mythologie ist die Waage das Symbol der ausgleichenden Gerechtigkeit, des Gleichgewichts, des Rechts. Damit steht sie für die Göttin, die das Schwert trägt und über das Recht wacht: Maat, auch die griechische Hera und kretische Rhea. Wir wissen, daß sie die Augenbinde nicht trägt, die ihr die patriarchale Gerichtsbarkeit zugeordnet hat, daß ihr Gericht anders aussieht: Die Berge werden sich erheben, die Flüsse werden sich mit den Meeren vereinen und ihre Wogen werden alles mit sich reißen, was die Harmonie der Erde bedroht. Die Vulkane werden vom Bauch der Erde aufsteigen.

In der ägyptischen Mythologie ist die Waage Symbol des Totengerichts, die Herzen der Toten werden mit einer Straußenfeder aufgewogen. Der Waagemonat ist auch die ausgleichende Kraft zwischen Sommer und Winter. Hier hält die Erde den Atem an, sammelt sich, um sich in den Zustand der Kargheit, der inneren Kraft zu begeben.

Astrologisch ist die Waage ein kardinales Zeichen des Elements Luft. Ihr Sinnbild sind die Winde der vier Himmelsrichtungen. Waage wirkt von innen nach außen. Waages Planet ist die Venus. Ihre Eigenschaften: Harmonie, Anteilnahme, Ausgeglichenheit, starke sinnliche Ausstrahlung, Suche nach Stabilität in oft rastlosen und labilen Zuständen. Waage setzt Zeichen, die für ganze Gemeinschaften bindend und Maßstab sein können. Waageenergien sind ausgleichend, glättend. Definition: ich gleiche aus. Bei magischen Ritualen vertritt das Schwert Waageenergien. Länder mit zugeschriebenem Waageaszendenten: Österreich, Argentinien, Tibet. Waages Pflanze ist die Minze, ihr zugeschriebenes Symboltier der Adler, die Zahl ist 7, die Farbe: durchschimmerndes Weiß. Ihr Symbolort ist das Land am Fluß, ihr Stein der Diamant. Im Körper entsprechen ihr Niere und Blase. Beginn der Waagezeit ist ein Hauptsabbat: Herbst-Tagundnachtgleiche am 21.9.

SKORPION ♏ Göttin: *Hekate/Kali*

folgt dem Gericht der Waage, er taucht hinunter in die Tiefen des Todes. Skorpionmonat hat bei den Kelten das Jahr beendet und das neue begonnen. In der ägyptischen und sumerischen Mythologie war der Skorpion heilig, und zwar vertrat er die Kräfte der Fruchtbarkeit ebenso wie die der Zerstörung. Isis wird oft mit einem Skorpionkörper dargestellt. In Afrika sieht man im Skorpion die Verkörperung böser Mächte und starker Magie. Der Kreislauf von Sinnlichkeit, Fruchtbarkeit und Tod, der im Skorpion verkörpert ist, wurde im Mittelalter so bedrohlich empfunden, daß der Skorpion stets mit dem Bösen, dem Teufel in Verbindung gebracht wurde. Auch Hexen wurden als Geschöpfe des Skorpion bezeichnet. Skorpion ist ein festes Zeichen des Elements Wasser. Sein Sinnbild ist der Fluß. Die Kraft des Skorpion wirkt von außen nach innen. Sein Planet ist Mars. Skorpions Eigenschaften: starke Wendung nach innen, Suche nach Grenzerfahrungen, Beschäftigungen mit dem Phänomen Tod und Wiedergeburt, starke spirituelle Kräfte, Willenskraft, Hartnäckigkeit. Skorpion hat eine innere Nähe zum Tod und lebt in gefährlichen Situationen auf. Wo andere zugrunde gehen, findet Skorpion seine Lebensenergie. Definition: ich verlange. Bei magischen Ritualen sind es die Orakelsteine, die Skorpions Kraft haben. Länder mit zugeordnetem Skorpionaszendent sind zum Beispiel Bayern, Marokko, Algerien. Seine Pflanze ist die Tollkirsche, sein Tier die Schlange, die Zahl 8, Farbe: blauschwarz. Symbolort des Skorpion ist die Wüste, sein Stein ist der Saphir, im menschlichen Körper vertritt Skorpion die Geschlechtsorgane und die Nebennierenrinde.

In die Zeit des Skorpions fällt das Neujahr der vorchristlichen Zeitrechnung am 1. November und Allerseelen, die Ehrung und Speisen aller toten Ahnen. Der 1. November ist der wichtigste Hexenfeiertag. Da beginnt der magische Kalender ein neues Jahr.

SCHÜTZE ♐ Göttin: *Artemis*

aus der Todeserfahrung des Skorpion entwickelt Schütze die Erleuchtung. Die klassische Schützin der Mythologie ist Artemis, die Göttin der Amazonen. Sie symbolisiert die Jagd, das nächtliche Umherstreifen. Der Pfeil ist Symbol für die Schnelligkeit. Im Zen ist das Bogenschießen in seiner Vollendung die Umsetzung der absichtlosen Absicht. Nicht das Ziel ist wichtig, sondern der Akt der Konzentration, das Sich-Lösen von Absicht und Ziel.

Schütze ist ein bewegliches Zeichen des Elements Feuer. Schützes Sinnbild ist das menschlich erzeugte Feuer. Schütze wirkt von innen nach außen. Sein Planet ist Jupiter. Das Sternbild Schütze liegt im unerforschten, tiefen Zentrum unserer Galaxie, um das sich die Milchstraße spiralförmig nach außen dreht.

Schützeeigenschaften sind astrologisch gesehen: Entschlossenheit, starke Ausstrahlung, Vielseitigkeit, Kampflust, die aus der Erkenntnis entsteht, daß du Entscheidungen treffen mußt; Lust am Unterhalten der Umwelt. Hilfsbereitschaft mit Gefahr der Selbstaufgabe.

Die Amazonen repräsentierten in der auslaufenden Zeit der Matriarchate das Schütze-Prinzip: Sie verteidigten und kämpften, weil sie angegriffen wurden, weil in dieser geschichtlichen Phase Friedfertigkeit zur Zerstörung durch Angreifer führte.

Die Definition des Schützen ist: ich sehe. Bei magischen Ritualen sind die heiligen Pfeilspitzen und Federn das Zeichen von Schützeenergien. Länder mit zugeordnetem Schützeaszendent sind zum Beispiel Australien, Ungarn, Arabien. Schützes Symbolbaum ist die Eiche, das zugeordnete Tier der Elefant, die Zahl ist 9, die Farbe: purpurrot. Symbolort des Schützen ist der Kultplatz auf dem Hügel. Sein Symbolstein ist der Granat, die Entsprechung im menschlichen Körper: Gesäß und Schenkel. In die Zeit des Schützen fallen viele kultische Feiertage: Orakeltag am 30. November und Luzia am 13. Dezember – Fest der Lichtopfer und Beginn der Rauhnächte, der wilden Jagd. Wintersonnwende am 21.12. ist ein Hauptsabbat, der das Sternbild Schütze von Steinbock trennt. In der Zeit vom 13. Dezember bis 25. Dezember geht die wilde Jagd der Percht mit ihren Gesellinnen um, die dann Gericht hält. In manchen Zeiten wurde die wilde Jagd auch in die Steinbockperiode, von der Wintersonnwende ab gerechnet. Die christliche Mythologie ließ die Rauhnächte am Weihnachtstag beginnen und an Epiphanias enden. Wir wissen jedoch, daß vom alten Hexenneujahr, wie es auch die Kelten noch feierten, nämlich vom 1. November an, bis zu Lichtmeß am 2. Februar die Zeit des außerirdischen Gerichts war, in der das Licht hinübergebracht wurde zur neuen Birkenblüte. Um das Licht, das Sonnenlicht, die Kraft der Sonne durch den langen Winter zu erhalten, wurden Feste gefeiert, an denen brennende Holzräder den Berg hinunter gerollt, große Feuer entzündet und Lichtboote ausgesandt wurden.

In der Zeit von Schütze und Steinbock werden den Ahnen, Geistern und Göttinnen (in Bayern vornehmlich die Percht mit ihren Gesellinnen) heilige Hirse, Milchbrei oder Getreide vor die Haustür gestellt, und die Ställe und Häuser mit brennenden Rosmarin-, Salbei- oder Wacholderzweigen ausgeräuchert und so von bösen Einflüssen gereinigt.

STEINBOCK ♑ Göttin: *Persephone*

folgt dem Weg der Erleuchtung in die Tiefen der Erde. Steinbock lebt in der kargsten aller Landschaften, er bezieht seine Kraft aus dem Alleinsein. Steinbock hat den Überblick über das Land, das unter ihm liegt. Sein Blick ist nicht von fülliger Schönheit verwirrt, wo er lebt wächst und blüht wenig, seine Umgebung ist die Klarheit. Persephone, die Göttin des Steinbock, lebte, nachdem Pluto sie in die Unterwelt geraubt hatte, die Hälfte der Zeit in der Unterwelt und die andere Hälfte in der Oberwelt bei ihrer Mutter Ceres. Aus diesem Wissen des Verborgenen, Unzugänglichen der Unterwelt und aus der realen Erfahrung in der Oberwelt bezieht Persephone ihre Kraft, ihr Wissen. Aus einem Leidenszustand entwickelt sie Stärke. Sie überwindet die Situation des Opfers und wird sehend. Steinbock ist ein kardinales Zeichen der Erde. Sinnbild des Steinbocks ist der Berg. Steinbock wirkt von außen nach innen. Zugeordneter Planet ist Saturn.

Seine Eigenschaften: überlegtes, planvolles Handeln, Überblick, Entwicklung von Mythen, spirituelles Denken, Verantwortlichkeit, Ruhe, langsame und gründliche Aktivitäten. Steinbock schöpft aus dem Kargen, dort entwickelt Steinbock seine schöpferische Aufgabe. Die Gefahr der langsamen Gründlichkeit ist eine zu starre Festlegung auf das Bekannte, Vertraute. Steinbock liebt den Umgang mit Menschen, fühlt sich aber oft von ihnen verunsichert oder überfahren und zieht sich dann verletzt zurück. Definition des Steinbocks: ich nutze.

Bei magischen Ritualen ist das Öl und die Halskette das Attribut des Steinbock. Steinbockaszendent haben unter anderem die Länder Mexiko, Indien, Afghanistan und Steiermark. Das Symboltier ist der Wolf, die Pflanze Hirse, die Zahl 10, die Farbe perlmutter. Symbolort des Steinbocks ist das Felsengebirge, sein Stein ist der Kristall. Die Knie und die Haut sind die körperlichen Entsprechungen.

In die Zeit des Steinbocks fällt unser heutiges Neujahr mit der entsprechenden Losnacht (Wahrsagenacht) vom 31.12. auf den 1.1., außerdem das Fest der keltischen Epona und der italienischen Befana (Epiphania), das in alten Zeiten die Rauhnächte endgültig abschloß.

WASSERMANN ♒ Göttin: *Nuth*

In der Mythologie ist der Wassermann ein Wesen, das in Weihern und Teichen lebt und die unzugängliche, geheimnisvolle Tiefe versinnbildlicht. Das Zeichen des Wassermanns sind die Wellen. Die Wellen wieder bedeuten jede Art von Ausbreitung, Kommunikation. Wellen übertragen Licht, Farben, Töne, Wissen, eine Verbindung zwischen verschiedenen Elementen, Menschen, Tieren, Planeten. Wassermann stellt auch die Verbindung zwischen Bewußtem und Unbewußtem her, um das Bestehende zu erneuern. Wassermann ist der Pulsschlag, im Körper genauso wie auf der Erde, der Puls der Zeit. Wassermanngeborene haben etwas von der Fähigkeit, die Zeichen zu deuten, die auftauchen.

Astrologisch ist Wassermann ein festes Luftzeichen und wirkt von innen nach außen. Sein Sinnbild ist Pulsschlag und Atem. Sein Planet ist Uranus. Wassermanneigenschaften sind: Eigenwilligkeit, Aufgeschlossenheit, Wissensdrang, Einfühlsamkeit, Suche nach intensiven geistig-spirituellen Erlebnissen. Wassermann will die Welt verbessern und erneuern und läßt sich in dieser Aufgabe kaum beirren. Dadurch übergeht er manchmal die Tatsache, daß er von seinem Bewußtseinsstandpunkt her gar nicht weiß, ob seine Vorstellungen wirklich einer besseren und erneuerten Welt entsprechen. Wie bei Schütze, Steinbock und Fische ist es für Wassermann sehr wichtig, die Botschaft seiner Reinkarnation zu entschlüsseln, denn wo seine Energien unbewußt einschlagen, wächst kein Kraut mehr. Bei magischen Ritualen vertritt Wassermann die Anrufung, den Gesang. Länder mit zugeordnetem Wassermannaszendent sind Schweden, Polen, Norditalien. Seine Pflanzen sind die Feigen, sein Tier die Katze, die Zahl ist 11, die Farbe silberblau. Sein Symbolort ist die einsame Insel. Sein Stein der Onyx. Seine körperlichen Entsprechungen Hände und Füße. In die Wassermannzeit fällt der Tag der magischen Einweihung und der Überbringung des Lichts: Lichtmeß am 2. Februar. Dieser Tag wird in allen Hexengemeinschaften und magischen Kultkreisen als Initiationstag gefeiert, wo die Schülerinnen in die Geheimnisse des Kultes eingeweiht und aufgenommen werden. Am Abend des 1. Februar wird die keltische Göttin Brigit gefeiert.

Das letzte Zeichen im Zodiak, zugleich Erfüllung und Auflösung, ist das Zeichen

FISCHE ♓ Göttin: *Tiamat*

Symbol für die Fische ist auch das Wasser des Lebens im Märchen, das Tote zu neuem Leben erweckt. In allen Kulturen wird der Fisch als das Tier bezeichnet, das am harmonischsten in seinem Element lebt. In Afrika ist der Fisch das Symbol des Todes und der Wiedergeburt. In der Vollendung des Tierkreises durch die Fische liegt die Erwartung der Auflösung, des Chaos. Die Fische repräsentieren auch die unendliche Tiefe, Weite und Unergründlichkeit des Meeres. Sie verständigen sich durch Schwingungssignale. Manche Fische können kosmisches Licht reflektieren und dadurch zu leuchtenden Punkten im Meer werden (zum Beispiel im Atlantik am Bermudadreieck). Die babylonische und sumerische Auslegung der Fische hieß Delphin. Delphine sind die Tiere der Göttin Tiamat, die aus dem Chaos des Wassers das Leben schöpft.

Fische-Geborene haben in ihrem Leben die Aufgabe, Erfüllung und Auflösung zu erfahren und damit umgehen zu lernen. Dies ist das Zeichen der größten spirituellen Energien (Fische wurden mit der Kraft des Winters genährt und kommen zu Beginn des Frühlings auf die Welt) und der größten Herausforderung, wie auch das Zeichen stärkster Zwiespältigkeit. Viele Fische-Geborene verzweifeln an diesem Widerspruch. Wenn sie sich aber bewußt machen, daß sie unendlich aus der Quelle des Chaos schöpfen und ihre eigene Ordnung damit herstellen können, erlangen sie große Kraft.

Fische ist ein bewegliches Wasserzeichen. Sein Sinnbild ist die Quelle. Sein Planet ist der Neptun. Fische-Eigenschaften sind Idealismus, Opferbereitschaft, Originalität, Intuition, Bereitschaft zum Verzicht, ausgeprägte Phantasie bis hin zu Visionen.

Fische haben die größten Energien, ihre Träume zu verwirklichen und ihre Visionen zu materialisieren. Aber da wo sie ihre Träume verdrängen, gehen sie den Weg der Selbstzerstörung. Fische müssen lernen mit den Energien des Unbewußten zu arbeiten und sich nicht von ihnen beherrschen zu lassen. Bei magischen Ritualen ist der Kelch das Symbol der Fische. Länder mit Fischeaszendent sind Portugal, Java, Galizien, Ceylon, Kalabrien. Seerosen sind die Pflanzen der Fische, Delphin ist das Tier, die 12 ist die Zahl und die Farbe ist meergrün. Sein Symbolort ist das Land unter Wasser (Atlantis in der Mythologie). Sein Stein ist die Perle, die Entsprechungen im Körper sind die Fußsohle, die Zehen, das Rückenmark.

IV DIE FIXSTERNE

Heute kennen Seeleute, Wüstendurchquerer, Pfadfinder, Abenteurer die Fixsterne. Die moderne Astrologie hat sie beinahe vergessen.

Fixsterne sind Sonnen, unendlich größer und heller als unsere Sonne und unendlich weit entfernt. In etwa 78 Jahren verändern sie ihre Position um ein Grad innerhalb der Sternbilder, in denen sie von uns, von der Erde aus, zu sehen sind.

In alten Zeiten, in den kultischen Festen der Ägypter, der Babylonier, Hettiter, Sumerer, aber auch heute noch in einigen Stämmen in Mali, an der Elfenbeinküste, in Tibet und Nepal haben einzelne Fixsterne, wie Sirius oder der Polarstern religiöse und kultische Bedeutung.

Bei den Dogon in Mali wird Sirius als Gott verehrt, bei den Ägyptern ist dieser Stern der Hundsstern, der Wächter des Totenreichs. Andere afrikanische Stämme, zum Beispiel an der Elfenbeinküste, verehren Aldebaran. Der Polarstern war bei den nordamerikanischen Indianern der Führer durch die Nacht und eignet sich in nördlichen Breiten auch heute gut als Orientierungspunkt.

Wie können wir diese fernen Sonnen „berühren", kennenlernen, mit ihnen arbeiten? Der wichtigste Kontakt ist der Blick zum Himmel, die Suche nach den einzelnen Sternen. Nimm dir einen guten Sternatlas oder eine Sternkarte (der Kosmos Sternführer ist nicht schlecht) und suche die Sternbilder, die dich interessieren, und darin wieder die einzelnen Fixsterne. Das beste ist, sich an einem klaren Abend hinzusetzen und die Sterne einfach anzuschauen, sie „sprechen" zu lassen.

Suche dir einen Stern, der dich besonders anspricht, dich besonders interessiert und schau ihn an, laß alle Gedanken zu, die der Kontakt mit dem Stern in dir auslöst, beobachte deine Gedanken, Assoziationen und Gefühle dabei. Wenn du Lust hast, schreib sie auf. Wenn du deinen Stern am Himmel gefunden hast und weißt, wo du ihn suchen mußt, kannst du den Kontakt auch in Gedanken herstellen: Stell dir das Sternbild genau vor, in dem dein Stern liegt, beschreib es in Gedanken und „rufe" deinen Stern, versuche, ihn zu spüren. Wenn du deine Erlebnisse aufschreibst, kannst du die Entwicklung deiner Beziehung zu den Sternen gut beobachten, die Erfahrungen werden intensiver.

Ich habe in meiner langen Arbeit mit den Fixsternen Früchte und Nüsse herausgefunden, die der Energie von bestimmten Sternen genau zu entsprechen scheinen, die das Erlebnis verstärken, über die ich mit den Sternen in Kontakt komme, ohne in den Himmel zu schauen (zum Beispiel wenn der Himmel bedeckt ist). Bei der Beschreibung der Sterne schreibe ich deshalb immer die entsprechende Frucht oder Nuß dazu, so könnt ihr auch damit arbeiten und vielleicht neue Entsprechungen finden.

Die Beschreibung der Fixsterne entspricht einer Synthese aus allem, was ich über die Sterne in verschiedenen Büchern gelesen habe und aus dem, was ich selbst erarbeitet und erfahren habe.

Die Wirkung der Fixsterne ist am intensivsten, wenn der entsprechende Stern direkt über einen Planeten oder eine Achse läuft. Spürbar wurden für mich nur Konjunktionen (wenn der Stern unmittelbar an einem Planeten oder einer Achse liegt) und Oppositionen (wenn der Stern einem Planeten oder einer Achse genau gegenüber liegt).

Das Wissen über die Fixsterne und die meisten Namen kommen aus der alten arabischen Astrologie. Nach arabischer Überlieferung sollen die sogenannten Königssterne Algol, Regulus, Aldebaran, Antares, Spica, Wega, Beteigeuze, Sirius und Fomalhaut im 1. oder 10. Haus des Geburtshoroskops anzeigen, daß dieser Mensch Großes und Wichtiges für die Menschheit leisten wird, daß sein Name „unsterblich“ wird. Dieselben Sterne im 12. oder 4. Haus deuten auf eine besondere Aufgabe in dieser Reinkarnation hin. Im 1. oder 12. Haus können sie auch Aufschluß über einen karmischen Plan geben, wobei das 1. Haus die reinkarnierte Persönlichkeit, das 12. Haus die karmische Persönlichkeit, also die Ganzheit, vertreten. Das 11. Haus zeigt in Beziehung mit Fixsternen Kontakte auf, die wir zu anderen Energieebenen und -formen aufnehmen können, kosmische Freunde. Im 10. Haus deuten die Fixsterne auf die Ziele in diesem Leben und den Erfolg, den wir damit haben werden. Wir haben Trancen und Übungen mit Fixsternen und Horoskopen gemacht und dabei diese Möglichkeiten gefunden. Die Beschäftigung mit den Fixsternen weckt das Verständnis für größere Zusammenhänge, für den Mikrokosmos Erde und den Makrokosmos Universum.

Die Energie der Fixsterne ist, wie jede andere Energie, weder gut noch schlecht. Wenn du bereit bist, mit dieser Art von Energie zu arbeiten, kann sie sehr gut für dich sein. Dann wirst du zum idealen Resonanzkörper und wirst die Strahlung als positiv, als guten Impuls empfinden. Wenn du nicht bereit bist, spürst du das. Du wirst dann gereizt, ungeduldig, vielleicht sogar wütend. Manchmal verstärkt sich irgendein Schmerz, der schon länger in deinem Körper brütet.

Es ist deshalb gut, nichts zu erzwingen. Laß einen fließenden Austausch zu. Wenn dieser sich nicht ergibt, wenn es mühsam wird, dann schließe deine Übung ab und warte auf einen günstigen Zeitpunkt.

Mit kosmischer Energie ist es wie mit der Energie, die wir selbst produzieren. Wenn es sich um hohe, konzentrierte Energie handelt, muß der Körper, der damit umgehen soll, geschützt und vorbereitet werden.

Für Energien, die du nicht haben willst, kannst du dir einen Schutzkreis machen: Setze oder stelle dich bequem hin, finde deinen Mittelpunkt, fühle, wie du zentriert bist, wie die Erde dich mit ihrer Kraft hält, „erde" dich, dann kannst du beginnen, ein Licht, eine Farbe, ein Material in deiner Phantasie um dich herum aufzubauen, das für dich Schutz verkörpert. Es kann ein heller Lichtkreis, eine Hülle aus weichem Stoff, aus Wasser, aus Erde, es kann ein Raum voller Farbe, Pudding, Töne sein. Es kann alles sein, was du für dich als schützend empfindest. Diesen Schutzkreis kannst du immer um dich ziehen, wenn du dich bedroht fühlst, wenn du neue Kraft schöpfen willst.

Bei der Beschreibung der Fixsterne habe ich hinter den Namen die entsprechende astrologische Position des Sterns in einem Sternzeichen aufgeführt. So kannst du anhand dieser Positionsangabe überprüfen, welcher Fixstern in deinem Geburtshoroskop an einem Planeten oder einer Achse (Aszendent/Deszendent oder Mittagspunkt/Mitternachtspunkt) liegt.

Die angegebene astrologische Position bedeutet nicht, daß der Stern sich in diesem Sternbild befindet, sondern in der Nähe der angegebenen astrologischen Position. Da wir nur zwölf Sternzeichen kennen, gibt es bis jetzt nur die Möglichkeit einer Annäherung an astrologische Positionen, um die Wirkung der Fixsterne im Horoskop festzustellen.

BETEIGEUZE (28° Zwilling)

Beteigeuze ist der Schulterstern im Sternbild Orion. Sein Name stammt aus dem Arabischen. Seit Jahrtausenden wird Beteigeuze beobachtet und verehrt. Das Bild des Orion ist für alle Länder um den Äquator und alle nördlichen Breiten das Auffälligste und dient der Orientierung. Die Energien, die Beteigeuze aussendet, sind anregend, schöpferisch, sie entwickeln im Menschen außerordentliche Fähigkeiten, die in der Anlage schon vorhanden sind und bringen diese zum Ausdruck. Wenn du diese Energien bewußt in dir nährst, kannst du durch Beteigeuze kreativen Ausdruck deiner Fähigkeiten finden (in alten Büchern heißt das auch noch: Ruhm und Wohlstand).

Beteigeuze gibt dir die Gewißheit, daß es dir gut gehen soll, daß du ein Recht auf ein glückliches Leben hast und ruhig danach streben kannst.

Beteigeuze regt auch die Fähigkeit in dir an, andere Menschen zu überzeugen und mitzureißen. Beteigeuze wirkt besonders auf das 1. astrologische Haus und hat dort im Geburtshoroskop auch seine stärkste Kraft.

In der Walnuß finden sich die Schwingungen von Beteigeuze am stärksten.

MIZAR (15° Jungfrau)

liegt im Bild des großen Bären und berührt deine Zuverlässigkeit, Gründlichkeit, ja auch deine Sturheit, dein Durchhaltevermögen, deine Ausdauer und Geduld. Wenn du Kraft brauchst, um eine Sache zu Ende zu führen, wenn du körperliche Energien aufladen willst, ist Mizar der Stern, mit dem du Kontakt aufnehmen solltest. Seine Energien berühren das 2. astrologische Haus. Seine Frucht ist der Apfel, auch in den Apfelkernen ist viel von Mizarenergien.

SPICA (23° Jungfrau)

wird im Frühjahr sichtbar und ist in einem Dreieck mit Arcturus und Deneb (Frühlingsdreieck) zu finden. Spica wurde zum Beispiel in Ägypten und Griechenland als Orakelstern befragt, und es werden ihr prophetische Energien zugeschrieben. Spica kannst du alles fragen. Spica kann dir Visionen, Phantasiebilder, verrückte Ideen eingeben, läßt die Grenzen deiner Vorstellungskraft fallen. Wenn du bereit bist, führt Spica dich in kosmische Visionen und Geheimnisse ein. Sie fördert die Phantasie, den künstlerischen Ausdruck, die telepathische Kommunikation, deine geistige Entwicklung, die phantasievolle Auseinandersetzung mit der Umwelt. Spica wirkt auf das 3. astrologische Haus. Die Haselnuß enthält ihre Energien.

ALGOL IM MEDUSENHAUPT (25° Stier)

Algol ist ein Stern in den Hyaden im Sternbild Taurus, ganz in der Nähe der sieben Schwestern, der Plejaden. Algol ist der geheimnisvollste unter den bekannten Fixsternen. Er führt dich in die Tiefen des unbekannten Universums, in den Sog der nach innen ziehenden Spirale im Kosmos. Er erweitert deine Kenntnis und dein Verständnis für deine Wurzeln und deine Herkunft. Algol gibt dir Mut und Unerbittlichkeit, Mut zur Suche, zum Einsteigen in die Tiefen des Kosmischen Geheimnisses. Algol führt dich zu deiner Gewalt. Beim Überlaufen über das 8. Haus bewirkt er starke spirituelle Erlebnisse, auch mit Uranus und Pluto entfaltet er besonders gut seine spirituellen Energien in dir. Er strahlt auf das 4. Haus im Horoskop und seine Kraft findet sich besonders in Eicheln.

SIRIUS (13° Krebs)

Von allen Sternen ist Sirius zusammen mit Aldebaran der hellste, bekannteste und der am meisten verehrte Stern. Bei den Ägyptern hütete Sirius als Hundsstern die Totenstadt Anubis. Die Dogon sehen in Sirius die Verkörperung von Lebenskraft und Fruchtbarkeit. In unseren Kulturen wird Sirius Königsstern genannt und ist wie Beteigeuze und der Polarstern ein Orientierungsstern. Er berührt dein Gefühl für umfassende Liebe, Würde, rituelle Feste und Feiern, für das Weitergeben alten Wissens und alter Rituale. Sirius erweitert deine philosophische Vorstellungskraft. Aus dem Kontakt mit Sirius entstehen die Schwingungen, die neue Bilder, neue Ideen, eine Fülle von Phantasien in dir auslösen. Sirius ist ein Zentrum von Macht in dir. Sirius bestrahlt das 5. astrologische Haus. Im Pfirsichkern sind seine Schwingungen.

WEGA (14° Steinbock)

in der Leier ist einer der ältesten bekannten Fixsterne. In etwa 500 000 Jahren werden unsere Sonne und Wega aneinander vorbeiziehen. Wega regt deine Weisheit und Erkenntnisfähigkeit an. Sie repräsentiert die kosmische Harmonie durch Wissen und Verständnis. Ständige Bewegung, Austausch, Wandel, Fluß, all das regen ihre Schwingungen in dir an. Du hältst nichts fest und bekommst dadurch alles. Wega weckt dieses Verständnis in dir, wie auch die Umsetzung von Bildern und Gefühle in materielle Strukturen, oder die Umsetzung von Energien in Heilprozesse. Wega strahlt auf das 6. Haus. Ihre zentrale Botschaft liegt in Reise und Rückkehr, in Verspüren von Energien und Umsetzen auf der Erde. Wegas Energien sind in Mandeln zu spüren.

PLEJADEN (29° Stier)

in unmittelbarer Nachbarschaft zu ihren Gorgonenschwestern, den Hyaden, im Sternbild Stier sind das Siebengestirn. Mit Hyaden und Plejaden befindet sich auch der Crabnebel im Taurus. Damit ist Taurus zum faszinierendsten und geheimnisvollsten Sternbild geworden. Diese drei Zentren erzeugen ständig neue Impulse und Bewegungen und geben immer neue Rätsel auf. Die Plejaden sind jünger als die Hyaden. Sie regen in dir ein neues Bewußtsein von Partnerschaft, erotischer Beziehung zu anderen Menschen, von Bindung und Lösung an. Gesellschaftliche Lebensformen entspringen aus intensiver Beschäftigung mit den Strahlen der Plejaden, sie lösen starre Strukturen auf und ersetzen sie durch bewegliche. Sie lösen in dir Heiterkeit und Gelassenheit aus. Sie können prophetische Fähigkeiten in dir ausbauen, wenn du dich intensiv mit den Plejaden beschäftigst. Sie strahlen auf das 7. astrologische Haus und finden ihre energetische Entsprechung in Pflaumen und Pflaumenkernen.

ANTARES (9° Skorpion)

ist einigen vielleicht aus Ursula LeGuins DISPOSESSED (Planet der Habenichtse) bekannt. Antares ist ein Riesenstern, 850mal so groß wie unsere Sonne, im Sternbild Scorpius (Skorpion). Antares vermittelt ein neues Bewußtsein von Grenzen, von Leere, von Gewalt. Mit Antares kannst du lernen, deine Ängste zu erforschen und zu überwinden. Antares regt dein Verständnis für die Unendlichkeit an. Du lernst, deine Grenzen als nicht unbedingt notwendig oder existent zu sehen und darüber hinaus zu schauen. Antares bereitet dich auf die Vision deiner Ganzheit vor. Er wirkt auf das 8. Haus und ist die Zentrale alles alten und zukünftigen Wissens. Er verkörpert die Zeitlosigkeit, die Vergangenheit, Gegenwart und Zukunft zugleich ist. Seine Energien findest du in Zitronen und Schlehen.

ATAIR (1° Wassermann)

im Sternbild Aquila (Adler) befindet sich zwischen Gasnebeln und Sternhaufen und ist ein weißleuchtender, heller Stern. Das Sternbild Adler repräsentiert den König der Vögel, der Ganymed in den Olymp tragen sollte, auch die Vorstellung der Seelenreise. Atair löst deine Gedanken von ihrer materiellen Gebundenheit, schickt sie auf unbekannte Reisen, gibt dir die Erkenntnis von Schwingung schlechthin. Er fördert dein Verständnis für Töne, Farben, Musik, für Telepathie. Er kann dich zu bahnbrechenden Entdeckungen führen. Atair reizt deine Neugier, deinen Forscherdrang. Mit Atairenergien mußt du konzentriert arbeiten: Sie sind sehr mächtig. Sie strahlen auf das 9. Haus. Ihre Entsprechung finden sie in Hagebutten.

REGULUS (29° Löwe)

auch Cor Leonis, Löwenherz genannt, ist einer der hellsten Sterne. Das Sternbild Leo gehört zu den ältesten bekannten aller Kulturen. Die Babylonier nannten das Bild Löwe und errichteten Löwenfiguren vor ihren

Tempeln zum Schutz ihres Kults, ihrer Göttinnen und Götter. Löwen sind auch in Catal Hüyük und Kreta, in Mykene, in Sumer und bei den Hettitern gefunden worden. Regulus verkörpert das Zentrum der Hitze, die Fülle von Leidenschaft, Liebe, Wärme. Regulus fördert in dir die Großzügigkeit, den Wunsch, deine Umgebung zu erwärmen, alles aufzunehmen und weiterzugeben. Regulus öffnet dein Herz. Er gibt dir die Fähigkeit, offen und gelassen alles auf dich zukommen zu lassen, dich nicht zu versperren und nichts festzuhalten. Regulus wirkt auf den Höhepunkt deines Lebens, auf deine Berufung, dein Lebensziel. Du kannst Regulus kontaktieren, wenn du Hilfe und Mut brauchst, wenn deine Energien zu versiegen drohen. Regulus wirkt auf das 10. astrologische Haus. Seine Frucht ist die Orange.

ALDEBARAN (9° Zwilling)

liegt zwischen den alten Gorgonensternen, den Hyaden und den jüngeren Schwestern, den Plejaden im Stier. Vor über 5 000 Jahren lag der Frühlingspunkt am Aldebaran im Stier. In ältesten Zeiten wurde dieses Sternbild schon verehrt und mit Fruchtbarkeit, Ackerbau, Opfer und Wandel verbunden. Aldebaran ist ebenfalls ein Riesenstern, 35mal so groß wie unsere Sonne. Er stellt die Verbindung zu deinen kosmischen Bezugspunkten (Freunden) her. Aldebaran ist eine Empfangs- und Sendestation für alle Energien im Kosmos, mit denen du arbeiten willst oder die mit dir Kontakt suchen. Aldebaran hilft, die Gesamtheit deiner Existenz zu rekonstruieren. Er ist dein kosmischer Freund und Gönner.

Seine Energien fördern dein Selbstvertrauen, deine positive Projektionskraft. Zu ihm kannst du kommen wie zu einem Freund. Er bestrahlt dein 11. Haus. Seine Frucht ist die Kirsche und der Kirschkern.

FOMALHAUT (3° Fische)

der mächtige Stern mit dem seltsamen Namen, der aus dem Arabischen kommt, liegt im Sternbild Südlicher Fisch (Piscis Austrinus) und ist etwa 12 mal heller als unsere Sonne. Er repräsentiert die Kräfte der Transformation und Wandlung. So wie wir aus dem Zeitalter der Fische ins Zeitalter des Wassermanns steigen, zeigt uns Fomalhaut den Prozess des Ablösens, Umwandelns, der Erneuerung auf. Er regt die spirituelle Intelligenz an. Er speichert deine Erinnerung an alles gewesene und zukünftige Wissen. Er bestrahlt das 12. Haus. Seine Energien sind in Bucheckern zu finden.

Andere interessante Fixsterne, mit deren Wirkung wir arbeiten können:

ALGENIB (7° Widder)

im Sternbild Pegasus regt dein Gedächtnis an, wenn du intensiv mit ihm arbeitest, fördert er dein Langzeit-, dein Urgedächtnis. Besonders stark wirkt er bei Pluto- oder Merkurüberlauf.

ALMAK (12° Stier)

im Andromeda Nebel fördert die Freisetzung der weiblichen Energien. Regt deine Fröhlichkeit und Lebenslust, deine Lust zu feiern an. Löst chaotische Zustände aus. Wenn Venus über Almak läuft und Almak im 5. oder 7. Haus liegt, bist du besonders fruchtbar.

CAPELLA (20° Zwillinge)

im Fuhrmann regt deine Neugier an, macht dich für neue Erfahrungen aufgeschlossen. Wirkt stark beim Überlauf von Merkur oder Uranus.

MIRA (0° Stier)

löst unberechenbare, spontane Ereignisse aus, wenn sie von Uranus, Merkur oder Pluto berührt wird. Auch Mars kann sich auswirken. Sie verstärkt die Wirkung von den entsprechenden Planeten und günstigen oder ungünstigen Aspekten im Geburtshoroskop. (Mira heißt auch: die Wunderbare.)

PRAESEPE (im Krebs)

regt deine Leidenschaftlichkeit, Sexualität und Sinnlichkeit (besonders mit Venus und Pluto) an. Macht dich begeisterungsfähig. An Praesepe wendest du dich, wenn du einen Anstoß brauchst, um etwas Verrücktes zu tun.

ALPHARD (25° Löwe)

im Zeichen Wasserschlange, heißt auf deutsch: der vereinzelt stehende Stern. (Die Wasserschlange, Anakonda, ist bei den südamerikanischen Indianern die Mutter der Welt, das Chaos.) Alphard führt dich in die Suche nach verborgenen Geheimnissen. Arbeit mit Alphard ist Beschäftigung mit dem Mysterium des Universums, mit den Tiefen deiner eigenen Seele.

ALGORAB (12° Waage)

im Raben weist den Weg in die Kargheit. Er berührt deine Unbestechlichkeit, deine Klarheit. Arbeit mit Algorab macht dich genau, klar, beleuchtet deine inneren Winkel, deine verborgenen Seiten.

UNUK (20° Skorpion)

im Sternbild Schlange aktiviert deine sexuellen Energien, drängt dich zu einer Klärung deiner eigenen Gewalt. Unruhe, Sehnsucht nach sinnlicher Erfüllung werden durch Überlauf von Pluto, Neptun oder Venus erzeugt.

MARKAB (22° Fische)

ist der arabische Name (deutsch: Sattel) für den hellsten Stern im Pegasus. Wenn Mars, Uranus oder Pluto über Markab wandern, stehen radikale Veränderungen, plötzliche, unerwartete Ereignisse an. Markab hat ein starkes spirituelles Energiefeld, das eine bewußte Auseinandersetzung verlangt. Mit Markab mußt du sorgfältig und kontrolliert umgehen. Im Geburtshoroskop bedeutet Markab in Konjunktion zu einem Planeten eine plötzliche Veränderung in den Belangen des Hauses, in dem er mit dem Planeten steht.

DELPHINSTERNE (12° Wassermann)

Delphine sind die Symboltiere der Urmutter Tiamat. Die Delphinsterne regen die Phantasie, die Intuition an. Sie fördern deine Visionskraft. Spirituelles Wachstum wird vor allem durch den Überlauf von Mond und Neptun (Mond kurzfristig, Neptun langfristig) angeregt und auch vom Überlauf durch Sonne und Venus gefördert.

RIGEL (15° Zwillinge)

im Sternbild Orion. Der Name bedeutet arabisch Fuß. Und im Fuß des Orion befindet er sich. Rigel wirkt auf deinen Ehrgeiz, eine intensive Beschäftigung mit seiner Energie fördert den Wunsch nach materieller Leistung und Anerkennung. Er fördert das Durchhaltevermögen und den künstlerischen Erfolg, mit Betonung auf den Erfolg. Im zehnten Haus des Geburtshoroskops bringt er Ruhm und Reichtum.

CASSIOPEIA (7° Stier)

Cassiopeia war die Königin von Äthiopien der afrikanischen Mythologie, mit der Bedeutung der Urmutter, der Gründerin der Matriarchate. Besonders für Frauen ist das Sternzeichen Cassiopeia wichtig. In ihr liegen die Kräfte aller Matriarchate, sie wurde von den matriarchalen Kulturen verehrt und heilig gehalten. Wissen über mutterrechtliche Gesellschaften und die Kraft der Frauen kommt aus der Beschäftigung mit ihr. Cassiopeia ist das einzige wirkliche Sternzeichen der Frauen, das niemals als solches abgewertet oder verändert wurde.

Ihr findet es in Form eines großen W am Himmel und könnt es das ganze Jahr beobachten, weil es ein Zirkumpolarsternbild ist, also ein Sternbild, das um den Nordpol kreist. Der Hauptstern heißt Schedir, das bedeutet Brust. Arbeitet mit Cassiopeia, entdeckt ihre Kräfte und sucht die Entsprechungen dieser Kräfte in euch, dann findet ihr die alte Weisheit, die alten Lehren unserer Urmütter wieder.

Erwähnenswert finde ich, daß Cassiopeia außerdem die stärkste Radioquelle außerhalb unseres Sonnensystems enthält. Es wird vermutet, daß es sich um die Reste einer Supernova handelt. (Das ist ein Stern, der am Ende seiner Existenz einmal unbeschreiblich hell aufleuchtet, ehe er stirbt.) Dieses Aufleuchten wurde 1667 beobachtet. Interessant daran ist, daß um diese Zeit die Inquisition mit ihrer Frauenvernichtung in den letzten Zügen lag. Heute ist diese Supernova nur noch als schwacher Nebel im Sternbild Cassiopeia zu sehen.

V DIE ERDE

Der Kern der Erde ist flüssiges Magma, umgeben von einem silikatreichen Mantel, der im Lauf der Jahrmillionen verkrustete. Die heutige Erdoberfläche ist unzusammenhängend. Wie die Haut auf siedender Milch ist die Erdkruste ständig in Bewegung, verschiebt sich, bricht auf, schließt sich wieder. Das Leben auf der Erde wird von Genen bestimmt, von verschlüsselten Befehlen, eingewoben in winzige Spiralen, den sogenannten Chromosomen, die den Kern der lebenden Zellen bilden. Die Informationen, die unsere winzigsten Zellen enthalten, sind das Potential, das wir mitbringen, wenn wir in einem menschlichen Körper geboren werden. Die Stellung der Sterne und Planeten gibt einen Hinweis auf die spirituelle Energie, auf unseren Lebensplan, auf unsere besonderen Eigenschaften.

Wenn wir unser Horoskop betrachten und nach dem Sonnenzeichen (dem Sternzeichen, in dem die Sonne steht) suchen, müssen wir immer im Auge behalten, daß die Erde dann genau gegenüber steht. Ein Beispiel: ich „bin" Löwe, im August geboren, im August steht die Sonne im Sternbild Löwe, die Erde aber steht genau gegenüber im Sternbild Wassermann, also „bin" ich auch Wassermann. Zwischen diesen beiden Sternzeichen findet ein Austausch von Energien statt, die in meinem Leben wichtig werden.

Der Kreis, das Rad, in dem die Sternzeichen und Planeten eingetragen werden, entstand in der arabischen Astrologie, von der wir auch die meisten Fixstern-Namen und Astrologie-Techniken übernommen haben. Der Kreis wurde vermutlich aus der Überlegung heraus gewählt, daß alles sich dreht, daß Sonne und Mond sich uns als lichterfüllte Kreise zeigen, und auch aus der Tatsache, daß der Kreis zusammen mit Spirale und Labyrinth das älteste Symbol der Menschheit darstellt. Der Kreis zeigt das Fließen ohne Anfang und Ende. Der Horoskopkreis symbolisiert die Erneuerung des Lebens, das Ende fließt in den Anfang des Lebens und entsteht daraus wieder neu: Tod, Wiedergeburt, Erneuerung. Der Beginn des Lebens wird im Horoskop durch den Aszendenten, das aufsteigende Sternzeichen im Osten im Augenblick der Geburt, dargestellt.

Die arabischen Sterndeuter haben das Leben eines Menschen im Horoskopkreis in zwölf Felder eingeteilt, weil sie davon ausgingen, daß es in seinen Stadien dem Lauf der Sonne durch die Sternzeichen und damit den Jahreszeiten entspricht: Geburt (Widder), Wachstum und Festigung der Umwelt (Stier), Mitteilung nach außen, Fähigkeiten (Zwillinge), Phantasie, Träume, Erinnerung (Krebs), Lebenskraft und Sinnlichkeit (Löwe), bewußter Umgang mit dem Körper (Jungfrau), Reife, Ernte (Waage), Auseinandersetzung mit dem Tod (Skorpion), Erkenntnis (Schütze), die eigene Tiefe und Kargheit suchen (Steinbock), Erneuerung und Suche (Wassermann), Erleuchtung (Fische).

Der Kreis zeigt, daß es nicht darum geht, *vorwärts* zu kommen, sondern zu sich selbst zu finden. Der Kreis muß sich schließen. Wir müssen lernen, mit den Energien der verschiedenen Phasen bewußt umzugehen.

Eines der wichtigsten Prinzipien der alten akkadischen, hettitschen und sumerischen Magie ist, daß das Kleine dem Großen, das Oben dem Unten, das Innen dem Außen entspricht. Wir sagen: Der Mikrokosmos entspricht dem Makrokosmos. So wie Elektronen um den Atomkern kreisen, kreisen Erde und Planeten um die Sonne, kreist unser Sonnensystem zusammen mit anderen um das Zentrum der Galaxien.

Dieser Erkenntnis „im Kleinen wie im Großen“ entspricht die Idee in der Astrologie, im Ablauf des Geburtstages bereits die Anlagen für das ganze Leben zu suchen, aus der Anordnung und Verteilung der Planeten auf den Verlauf des Lebens zu schließen.

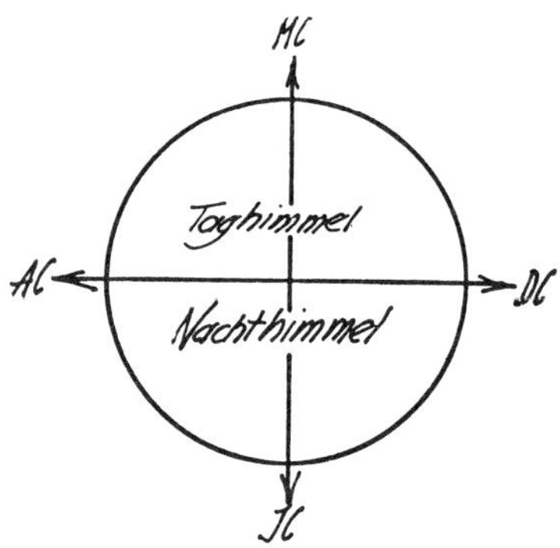

Wie können wir unser Horoskop in diesem Sinn entschlüsseln? Die wichtigsten Bestandteile des Horoskops sind die Himmelslichter (Sonne und

Mond), die Planeten (Merkur, Venus, Mars, Jupiter, Saturn, Neptun, Uranus und Pluto), sowie die beiden Achsen, die den Kreis in zwei Hälften und vier Viertel teilen. Die beiden Achsen sind Aszendent (also das im Geburtsmoment am Osthimmel aufsteigende Zeichen) und Deszendent (das im selben Moment absteigende Zeichen am Westhimmel) und die Linie Mitternachtspunkt und Mittagspunkt.

Die AC/DC-Achse unterteilt das Horoskop in eine Taghälfte (über der Linie) und eine Nachthälfte (unter der Linie). In der Nachthälfte, dem Nachthaus durchläufst du deine innere Entwicklung, hier sind die entscheidenden Konflikte und Brüche während deiner Kindheit und Jugend zu finden, hier findest du, durch den Stand der Planeten symbolisiert, die Kräfte, die du in dir sammelst.

Am Deszendenten wanderst du gegen den Uhrzeigersinn in deine Taghälfte oder das Taghaus. Hier zeigt sich, wie du deine Kräfte umsetzt, anwendest, was du damit machst, wie du sie nach außen trägst. Das Taghaus zeigt, wie du mit den Erfahrungen des Nachthauses umgehst.

Die IC/MC-Achse teilt die beiden Hälften in vier Viertel. Das erste Viertel vom AC bis zum IC zeigt die Entwicklung deiner Persönlichkeit, deine noch unbewußten geistigen Fähigkeiten und deine Verankerung in der Umwelt.

Das 2. Viertel vom IC bis zum DC: deine Phantasie, deine Wurzeln, Bindung an die Eltern, Entwicklung der Sexualität, Lebenslust, Umgang mit deinem Körper. Bewußte innere Kräfte und Entwicklungen.

Das 3. Viertel vom DC bis zum MC: partnerschaftliche Beziehungen, Freundschaften, die Fähigkeit zur Bindung an andere Menschen, Grenzerfahrungen, geistiges und materielles Erbe, Tod, Entwicklung von philosophischen Fähigkeiten, geistige, spirituelle und materielle Reisen.

Das 4. Viertel vom MC zum AC: Berufung, Lebensziel, Freundschaften, Verbindungen zu Kräften in anderen Ebenen, die Herausforderung der Inkarnation, die spirituelle Persönlichkeitsentfaltung, das Schließen des Kreises, Erfüllung des Karmas.

Am Anfang und am Ende des Lebens sind wir unseren spirituellen Kräften am nächsten und lassen uns durch weltliche Grenzen und Konventionen am wenigsten beeindrucken.

Der Aszendent zeigt je nachdem, in welchem Sternzeichen er steht, die Art der persönlichen Energie und Entfaltung; der Mitternachtspunkt zeigt die Art der tiefsten Wurzeln, der größten Krise, der Ablösung von den Eltern, der karmischen Vergangenheit; der Deszendent weist auf die Bestimmung, auf den karmischen Plan, auf die größte spirituelle Kraft hin; der Mittagspunkt zeigt das Lebensziel, die Berufung, wohin die Kraft zielt.

Zwischen diesen vier Achsenpunkten gibt es einen wichtigen Austausch.

Diese vier Punkte zusammen mit Tag- und Nachthaus und den vier Vierteln sind in der Analyse der Persönlichkeit wichtiger als die Häuser, die ja nach unendlich vielen Systemen eingezeichnet werden können.

In der Diskussion um die Häusersysteme übersehen wir oft, daß das menschliche Leben ja auch nicht auf den Grad genau abläuft, wir durchleben nicht 22 Grad Kindheit, 18 Grad Pubertät usw. Wir sollten uns daran gewöhnen, auf die Verteilung der Energien und Gewichte, auf den Austausch von Kraftfeldern zu achten und akzeptieren, daß unser Leben nicht nach Grad und Minute erfaßbar und analysierbar ist. Die Frage nach den Graden und nach der mathematischen Genauigkeit sollten wir nicht zu sehr überbewerten (wie viele Zentimenter mißt ein Traum?). Die Einteilung ist ein Hilfsmittel, auf das wir eines Tages verzichten können.

Wenn wir also Häuser im Horoskop eintragen, können wir damit spielen. Wir können uns bei jedem Planeten auch fragen: In welches Haus gehört diese Energie bei mir, wo habe ich sie am meisten? Einschneidende Erlebnisse sind oft aus der Verteilung der Planeten zu erkennen. Wenn du für andere Frauen Horoskope machst, sei vorsichtig mit Behauptungen und festen Einteilungen. Wer sich ein Horoskop machen läßt, öffnet sich, wird verletzlich, manipulierbar.

Leg das Hauptgewicht deiner Horoskopanalyse auf die Erklärung der Planetenenergien und in welchem Bereich sie vorhanden sind. Schaut euch immer alle Seiten einer Energieform an.

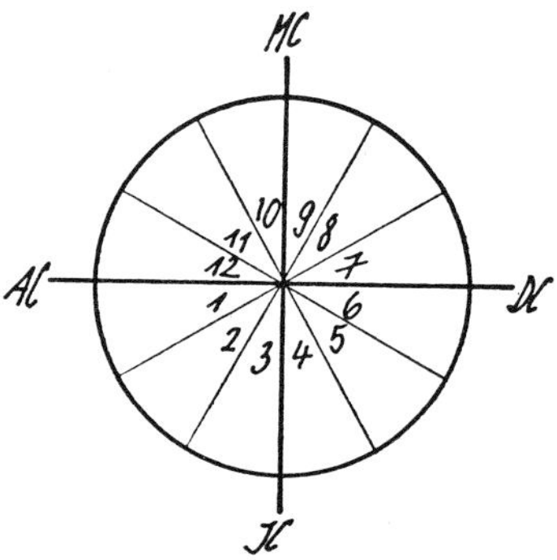

Die Bedeutung der Häuser nach meiner Erfahrung:

Das 12. und das 1. Haus

sind voneinander nicht trennbar. Sie stellen die spirituelle, die karmische Persönlichkeit (12. Haus), die Ganzheit deiner Reinkarnationen dar und die irdische, reinkarnierte, hier auf dieser Welt reale Persönlichkeit (1. Haus). Sie sind wie Tag (1. Haus) und Nacht (12.). Die Aufgabe des 12. Hauses ist eng mit den Energien und Aufgaben des 1. Hauses verbunden:

Sie fließen ineinander, sie befruchten sich gegenseitig. Aus diesen beiden Häusern, also unmittelbar vor und nach dem AC kannst du ablesen, was du dir für dieses Leben vorgenommen hast und woher du kommst, welche Kräfte du mitbringst und wo du deinen Lebensschwerpunkt setzt. Wenn diese beiden Häuser nicht mit Planeten besetzt sind, so bedeutet es, daß du dir in diesem Leben andere Schwerpunkte in anderen Bereichen gesetzt hast.

Das 2. Haus
zeigt deine Beziehung zur Umwelt, zu Heimat im alten Sinn des Wortes, deine Verwurzelung in Familie und Umgebung; was du dir schaffst, wo du dich absicherst. Hier zeigt sich, was du brauchst, um dieses Leben materiell gut über die Runden zu bringen. Wenn das Haus nicht mit einem Planeten besetzt ist, heißt es, daß du hier keinen Schwerpunkt gesetzt hast, daß über materielle Absicherung, Besitz und Umgebung keine einschneidenden Ereignisse in deinem Leben angelegt sind. Stehen Saturn oder Venus im 2. Haus, kann das darauf hindeuten, daß du in einer stark weiblich beeinflußten Umgebung lebst oder selbst deine Umgebung stark mit deinen weiblichen Energien bestrahlst.

Das 3. Haus
weist auf deine geistigen Fähigkeiten, deine intellektuellen Möglichkeiten und Schwerpunkte hin. Es zeigt deine Art der Kommunikation, wie du dich anderen mitteilst, was du mit deinen geistigen Fähigkeiten anfängst. Wenn ein Planet im 3. Haus steht, so bestimmt seine Energie deinen Intellekt und deinen Bezug zu anderen Menschen.

Das 4. Haus
zeigt dir, wo deine Wurzeln sind, welche Energie dein Wachstum beeinflußt hat. Das 4. Haus führt dich weit zurück, weiter als nur bis zu deiner Kindheit. Hier kannst du Aufschluß über deinen roten Faden, deine Gesamtpersönlichkeit finden. In diesem Haus werden Phantasien, Erinnerungen und Träume angeregt. Das 4. Haus zeigt auch deine Bindung zum Elternhaus oder Brüche in der Kindheit.

Das 5. Haus
beschreibt deine sexuelle Energie, deine Sinnlichkeit, Lebensfreude, deine Fähigkeit, dich zu freuen und zu feiern. Hier zeigt sich, welcher Art deine Kreativität ist, wie du dich auslebst.

Das 6. Haus
zeigt dir, wie du mit deinem Körper und seinen Kräften umgehst. Hier siehst du, wo deine körperlichen Hindernisse liegen, wo du dich selbst blockierst, wie du deinen Körper in deine Arbeit einbringst, ob Geist, Seele und Körper zusammenarbeiten. Das 6. Haus gibt Aufschluß über die Energien, die du in körperlicher Arbeit und in der Arbeit an deinem Körper einsetzt.

Das 7. Haus
zeigt deine Fähigkeit, dich an andere Menschen zu binden. Hier siehst du, wie wichtig dir Beziehungen, Freundschaften sind. Hier siehst du die Energien, die du in Beziehungen einbringst, die Hindernisse, Schwierigkeiten, die besonderen Kräfte.

Das 8. Haus
beschreibt deine Grenzerfahrungen, deine Suche nach dem Geheimnis von Tod und Erneuerung, Auflösung und Wiedergeburt. Dieses Haus beschreibt die Energien, mit denen du an Todeserfahrungen herangehst, auch dein geistiges oder materielles Erbe, das dein Leben entscheidend beeinflußt. In diesem Haus kannst du die Energien erkennen, die du aus anderen Inkarnationen mitbringst und hier lösen willst.

Das 9. Haus
beschreibt deine geistigen, spirituellen und wirklichen Reisen. Deine Fähigkeit, abstrakte Bilder und Visionen zu entwickeln und umzusetzen. Es zeigt auch, wie du mit Träumen arbeiten kannst, welche besonderen Kräfte des Geistes und der Phantasie du hast. Hier erkennst du, welche Möglichkeiten du hast, um Ideen und Projekte zu erarbeiten und umzusetzen, mit Religion, Philosophie, Meditation und Trancen zu arbeiten.

Das 10. Haus
zeigt dein Lebensziel, deine Berufung. Hier siehst du, was du verwirklichen willst, wo deine Kraft in diesem Leben hingeht. Hier erkennst du, wo deine Willenskraft hingeht, wo deine Fähigkeiten liegen, Ziele zu erreichen, welche Mittel dir zur Verfügung stehen.

Das 11. Haus
beschreibt deinen Austausch mit Freunden, auch Freunden aus anderen Ebenen. Wo kannst du Verbindungen schaffen und Hilfe erhalten? Welche Kräfte wirken sich für dich gut und fördernd aus? Das 11. Haus zeigt dir, mit welchen Kräften du dich verbinden kannst.

Der Beginn des 1. Hauses (AC), des 5. und des 9. Hauses zeigen dir zudem, wo (in welchem Element, in welcher besonderen Kraft, mit welchem Planeten in der Nähe) deine Lebensenergie liegt, deine Verwandlungsfähigkeit. Das 1. Haus entspricht der wachsenden Mondphase (Nimue), der jungfräulichen Amazone, das 5. Haus entspricht der vollen Mondgöttin, der Reife und Fülle, der Muttergöttin (Mari), das 9. Haus entspricht der weisen Alten, der Verschleierung des Mondes (Anu), der unerbittlichen Hekate, Gebieterin über Leben, Umwandlung und Erneuerung.

Wichtig ist auch die Beziehung der Häuser zueinander. Liegen sich Planeten gegenüber, so kreist auch die Energie der beiden Häuser stark ineinander und tauscht sich aus. Das kann fruchtbar sein, kann aber auch zu Konfrontationen führen. Es kommt darauf an, daß du verstehst, alle Eigenschaften einer Energieform zu entdecken und umzusetzen. Häuser, die nebeneinander liegen, fließen ineinander und regen sich gegenseitig an. Durch die Verteilung der Planeten kann aber auch eine starke Reibung entstehen, mit der du bewußt umgehen lernen mußt.

Planeten, die einen Aspekt zueinander bilden (also zum Beispiel ein Quadrat/90° oder ein Trigon/120°, ein Sextil/60° oder eine Opposition/180°) stellen diesen Aspekt auch zwischen den Häusern her, in denen sie liegen. Ein Spannungsfeld zwischen den Planeten bedeutet auch Spannung zwischen den Energien der entsprechenden Häuser.

Du kannst aber auch durch graphische Darstellungen eine Idee von deiner Energieverteilung herstellen:

Male bunte Linien zwischen allen Planeten, dann ergeben sich Schwerpunkte, wo sich viele Linien kreuzen; Felder, wo überhaupt keine Linien und Schnittpunkte sind; einzelne Linien und Punkte. Du kannst über diesem Horoskop, das deinen Energiefluß bildlich zeigt, meditieren. So kannst du die Schwerpunkte deines Kraftfelds erkennen lernen.

Hier vier verschiedene Beispiele, wie solche „Bilder“ aussehen können.

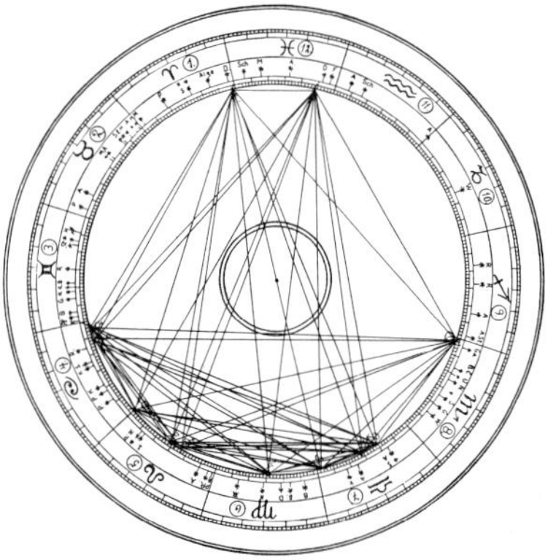

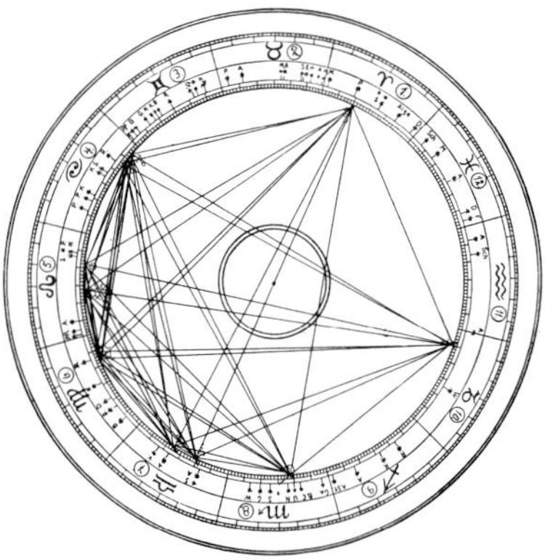

VI SPIEL MIT PLANETENENERGIEN

Nicht nur am Tag der Geburt wirst du von Planeten und Sternen im Universum bestrahlt und beeinflußt. Alles im Universum dreht sich ständig, und ständig wirst du von neuen Konstellationen angeregt. Wenn du dein Geburtshoroskop aufgezeichnet hast, kannst du vergleichen, wie die Sterne zu anderen Zeiten deines Lebens stehen und wie sie die Kräfte der Sterne am Tag der Geburt verändern und weiterhin beeinflussen. Den Lauf der Planeten und Himmelslichter im Vergleich zur Geburtsposition nennt man Transit.

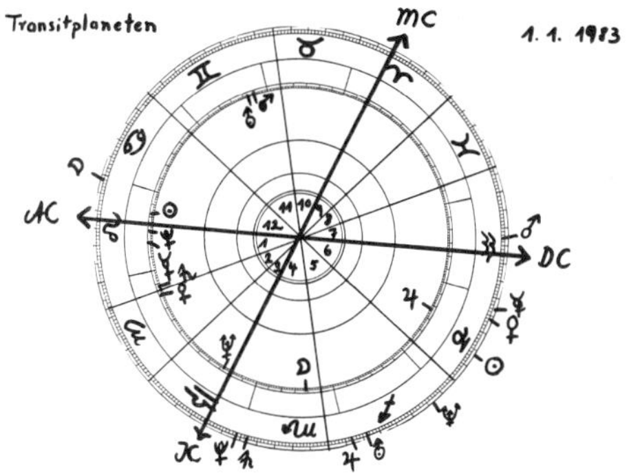

Du kannst aus den Ephemeriden den Stand der Sterne heraussuchen (es gibt Ephemeriden von 1900 – 2020). Wenn du wissen willst, wie die Sterne jetzt zu deinem Geburtshoroskop im Vergleich stehen, so nimmst du den Sternenstand von heute und trägst ihn mit Bleistift außen am Rad deines Geburtshoroskops ein. Nun siehst du, wie sich der derzeitige Stand der Sterne zum Stand an deinem Geburtstag verhält. Die Bedeutung der Transite kannst du dir leicht selbst erarbeiten, wenn du die Eigenschaften der Planeten, der Sternzeichen und der Häuser weißt und prüfst, wo Transitplaneten auf deine angelegten Kräfte wirken, wo sie Geburtsplaneten berühren oder Aspekte zu ihnen bilden.

MARS hat im allgemeinen die Tendenz, alles was er berührt, zu energetisieren, der Energie, an der er vorbeiwandert, einen Stoß zu geben, etwas auszulösen. Je nachdem, wie stark dein Widerstand gegen Aktivität ist, kann dich das hindern oder anregen. Auf jeden Fall mußt du dich entscheiden, wie du mit dem entstandenen Kraftfeld umgehst, und kannst es nicht einfach laufen lassen. Du mußt wissen, daß eine starke Energie immer ihr Ventil findet, deshalb mußt du dich hier für das Ventil entscheiden.

Das was in der konventionellen Astrologie mit „Unfallgefahr“, „Gefahr vor Verletzungen“ beschrieben ist, kann bei einem bewußten Umgang mit dieser Energie eben auch heißen: Wenn du etwas Schwieriges vorhast und dich entschieden hast, es durchzusetzen, ist diese Konstellation richtig, weil sie auf jeden Fall viel Kraft enthält.

VENUS bewirkt im Überlauf über andere Planeten und Achsenpunkte Harmonisierung, sinnliche Anregungen, Verlockungen. Venusenergie gibt die Möglichkeit, angebrochene Konflikte mit Ruhe zu lösen und läßt dir erotische Impulse und sinnliche Erlebnisse zufließen, wo sie andere Planeten berührt.

MERKUR schickt im Überlauf geistige Anregungen, läßt dich die Belange des Hauses, das er durchläuft, oder des Planeten, den er berührt, in einem neuen Licht sehen. Dort bewirkt er Lernprozesse und neue Erfahrungen. Er kann dich zu einer Neuorientierung und ein Durchdenken der entsprechenden Situation fordern.

Die Transitaspekte von Merkur, Mars und Venus dauern nur kurze Zeit (Mars etwa zwei Monate, Venus nur zwei bis drei Wochen, Merkur einige Tage). Du kannst in den Ephemeriden nachschauen, wie lange die Planeten in ihrer jeweiligen Stellung bleiben.

MOND läuft etwa alle zwei bis drei Tage in ein neues Sternzeichen, durchläuft also alle Phasen von Geburt bis Tod in 29 Tagen und entspricht damit dem menstruellen Zyklus der Frauen. Im Lauf von Mond durch deine Häuser, in ihrer Berührung mit Geburtsplaneten, kannst du deinen Gefühlsrhythmus, das Auf und Ab deiner Gefühlsenergien beobachten. Mond solltest du immer einbeziehen, wenn du anpflanzen willst (bei zunehmender Mond alles einpflanzen, was über der Erde wächst und blüht, bei abnehmender Mond alles, was unter der Erde Früchte trägt), wenn du magische Rituale machen willst (Bindungen bei Neumond, Lösungen bei Vollmond) oder Orakel befragen willst. Dazu sollte Mond mit deiner Geburtsmond, deinem Deszendenten, deinem Geburtsneptun oder dem Geburtsuranus in harmonischen Beziehungen stehen.

Mond im Transit sagt dir viel über deine Intuition, wo deine stärkste emotionelle Kraft liegt, welches die Ventile dafür sind.

SONNE durchwandert etwa jeden Monat ein Sternzeichen. Sie hat die Eigenschaften, die Häuser, Sternzeichen und Geburtsplaneten, die sie berührt, zu erhellen, zu beleuchten, klarer zu machen. Sie gibt zu den entsprechenden Energien ihre Wärme und ihre Kraft dazu. In einem spannungsgeladenen Aspekt kann sie dir auch einheizen: Verbrennung, Entzündung, Fieber, Leidenschaft, große Hitze.

HERA/JUPITER braucht etwa 12 Jahre, bis sie den Tierkreis einmal durchwandert hat. Auf das Haus oder Zeichen, das sie durchläuft, wirkt sie stabilisierend. Hera/Jupiter trägt deine individuellen Kräfte in die Gesellschaft, weckt das Bewußtsein von gesellschaftlichem Zusammenhalt und Verantwortungsgefühl in dir. In diesem Sinn wirkt sie verstärkend auf die Planeten-Energien, die sie berührt.

SATURN durchläuft den Tierkreis in 28 bis 30 Jahren und entspricht damit in ihrem Lauf um die Sonne dem Lauf von Mond um die Erde (28 bis 30 Tage). In diesem Sinn wirkt Saturn auf deine karmische Persönlichkeit wie Mond auf deine reinkarnierte Persönlichkeit. Was Saturn im Transit berührt, wird neu überprüft. Saturn fordert deine Gewissenhaftigkeit und Zuverlässigkeit in Bezug auf die Planetenenergien, die sie berührt. Sie regt das Verständnis deines Schattens, deiner eigenen Gewalt und Dunkelheit an. Transit-Saturn bewirkt einen Reifeprozess in dem Haus, Zeichen oder an dem Planeten, an dem sie steht, verzögert spontane Entscheidungen und kann dich dadurch etwas schwerfällig machen.

URANIA/URANUS durchwandert in einem Menschenleben ungefähr drei Viertel des Zodiaks und löst bei den Energien, die sie berührt, plötzliche Veränderung, Neuorientierung, neue Erkenntnisse und Wege aus. Bei Urania/Uranus ist vor allem interessant zu überprüfen, in welche Zeichen und Häuser sie nicht kommen wird, wo du also in deinem Leben *keinen* Anstoß von Uraniaenergien haben wirst (nicht willst/nicht brauchst).

TIAMAT/NEPTUN läuft in einem Menschenleben durch die Hälfte des Tierkreises. Ihre Energien vertiefen die Kraft, die sie berühren, führen zum Kern der Gesamtpersönlichkeit, öffnen spirituelle Kanäle. Bei Tiamat/Neptun ist es wichtig zu sehen, welche Hälfte von ihrer Energie beeinflußt, und welche Hälfte davon nie berührt wird.

PLUTO durchläuft nur drei bis vier Zeichen und Häuser in einem Menschenleben. Seine Energien beeinflussen jeweils eine Generation. Sein Wechsel von einem Zeichen in ein neues war immer mit großen Ereignissen und geschichtlichen Wenden verbunden. Da eine ganze Generation Pluto im selben Zeichen hat, ist es interessant zu sehen, wo sich dieser kollektivierende Einfluß im persönlichen Horoskop zeigt, welcher Bereich des eigenen Lebens durch Plutoenergien eine kollektive Form sucht, in welchem Bereich Plutos Fähigkeit zur Umwandlung zum Tragen kommt.

VII ALLES DREHT SICH...

Vor einem Spiegel sitzend betrachte dein Gesicht. Schau deine Augen genau an, die Linien und Pünktchen in der Iris, deine Nase, deinen Mund, deine Haut. Geh mit deinen Gedanken in die Haut hinein. Stell dir immer kleinere Teilchen vor, winzige Punkte, um die andere sich drehen, wie ein Atomkern, um den sich Elektronen drehen. Fixiere nun deine Augen, öffne deine Gedanken zu weiteren Dimensionen. Vom Netz der Hautzellen denke dir ein immer größeres Netz, immer weiter ausgebreitet: die Energiepunkte unter der Erde, die unter ihrer Oberfläche pulsieren wie unter der Haut eines riesigen Organismus. Schau deine Pupillen genau an und die Pünktchen in der Iris, die um sie herum zu tanzen scheinen, erweitere deine Vorstellung: Stell dir vor, wie Mond sich um die Erde dreht, wie alle Planeten sich um die Sonne drehen, wie unser Sonnensystem sich mit anderen zusammen um den Kern unserer Galaxie drehen, wie viele, unendlich viele Galaxien sich um einen tieferen Punkt, dem Mittelpunkt aller Galaxien drehen, rundherum und nach außen, immer rundherum und nach außen, die Milchstraßenlinien, die sich spiralförmig und wie Arme um unbekannte tiefe Zentren drehen wie Linien auf der Hand oder auf der Haut eines gigantischen Körpers ...

ÜBUNGEN MIT ENERGIE UND KOSMOS

Um so etwas Abstraktes wie kosmische Energie fühlen zu lernen, mußt du zuerst erfahren, was deine eigene Energie überhaupt ist und damit spielen. Du bist daran gewöhnt, dich als festen Körper zu be-greifen. Wenn du einmal im Morgengrauen erlebt hast, wie sich die Welt aus der Lichtlosigkeit Pünktchen für Pünktchen wieder neu zusammensetzt, tanzt, wabert, ein bekanntes Bild formt und wieder verliert, verstehst du, daß alles, was uns bekannt ist, seine Form auch durch unsere Projektion erhält. Weil wir tagtäglich alles wieder definieren und mit unserem bewußten Blick fixieren, ist es real und fest. Dennoch bestehen wir alle aus der Bewegung unendlich vieler, winziger, tanzender Teilchen. Die Bezeichnung dieser Teilchen in der Physik sind für uns ohne Bedeutung. Ob Atome, Neutronen, Ionen, Elektronen, Quarks: wichtig ist, daß alles unendlich teilbar und ausdehnbar ist. Daß die Struktur des kleinsten Teilchens dieselbe ist wie die des größten Universums, Teilchen, die uralt, von jeher dagewesen, unendlich oft verändert sind. In jedem Teilchen befindet sich die ganze Information des Universums, aller Existenz überhaupt. Sie formen sich zu einem Körper und lösen sich wieder voneinander. Unendlich wandeln sie sich: von Materie zu reiner Energie, zu Materie, zu Energie. Von Galaxien zu Planeten, von roten Riesen zu weißen Zwergen. Du selbst bist aus diesen Teilchen zusammengesetzt. Dein Bewußtsein ist geprägt von deiner materiellen Existenz, aber es gibt eine Erinnerung in dir, die ist älter als dein zeitlich und räumlich begrenzter Körper. Du bist ein tanzendes Energiebündel.

Aus der Schwerkraft unseres Planeten, aus der magnetischen Kraft seines Kerns entsteht in uns das Gefühl für Zeit, Bewegung und Raum. Wir sagen: Die Landschaft fliegt vorbei. Aber wir bewegen uns, und die Landschaft bleibt wo sie war.

Wir sagen: Die Zeit vergeht. Aber wir vergehen und die Zeit bleibt was sie war: nicht existent.

Zeit und Raum sind nur durch unsere körperliche Vergänglichkeit definierbar. Durch die Energie, die wir aktivieren müssen, um uns zu bewegen, um andere Materie zu erreichen.

Wenn wir körperlich sterben, stirbt für die meisten von uns auch die Erinnerung. Wir lösen uns auf und gehen den Weg, den jede Materie im Universum geht. Wenn wir also die Zusammenhänge erfühlen und erkennen wollen, die über den materiellen Tod hinausgehen, müssen wir die alte Erinnerung all unserer Teilchen aktivieren. Wir können lernen, über Meditationen und Übungen bildlich die geschlossene Tür zwischen dem jetzigen Leben und der Erinnerung an alle anderen Seinsformen zu öffnen.

Ein Zugang zu diesem Bewußtsein eröffnet sich über Ekstase: Bewegung in der intensivsten Form und zugleich Stillstand, Zustand feinster Sinneswahrnehmung. Der Moment der größten Angst, des furchtbarsten Schrekkens, der atemberaubendsten Freude, unendlichsten Glücks, tiefster Trauer läßt uns die Welt klar wie nie erkennen. Wir verlieren das Gefühl für Zeit und Raum. Wir scheinen in diesem Moment in der Unendlichkeit stehen zu bleiben. Wie eine Spirale windet sich das Kraftfeld nach oben, einem Höhepunkt zu. Diese dynamische Bewegung der Energie, die wir als Wachsen, Blühen, Tanzen, Glück, Trauer, Wut, Liebe, Haß, Schmerz erleben, können wir in Übungen nutzen und wandeln. Um die Energie bewußt zu erarbeiten, brauchen wir eine klare Vorstellung. Ohne präzises Bild können wir die Energie nicht neu zusammensetzen.

In den folgenden Übungen kannst du lernen mit deinem Kraftfeld umzugehen. Wichtig ist bei jeder Übung, daß du sie ausdrücklich beginnst und beendest. Nach jeder Übung mußt du bewußt wieder in die ursprüngliche Form zurückgehen, dich erden, dich wieder mit deinem Körper verbinden. Wenn du zum Beispiel Übungen mit Temperaturen machst, denk daran, dir zu sagen: Die Temperatur ist jetzt wieder normal, wie vorher. Sonst kann es dir passieren, daß du ständig frierst oder schwitzt.

Beginne jede Übung damit, dich bewußt in deinem Körper zu fühlen und tief zu atmen. Du kannst deine Mitte am besten erfahren, wenn du ein schweres Buch auf dem Kopf balancierst, etwas breitbeinig stehst und dabei leicht in die Knie gehst.

Atme tief ein und aus, fang aber gar nicht erst an, den Atem auszuzählen, das macht dich nur verkrampft. Beobachte, wie Kinder atmen: Sie schöpfen soviel sie brauchen, ziehen es in den Körper und lassen wieder heraus, was sie nicht mehr brauchen. Atme und denke dabei an all die Zellen, die Teilchen in deinem Körper, die Sauerstoff als Nahrung brauchen. Spüre, wie der Atem durch den Körper fließt und ihn belebt.

Mit der ersten Übung kannst du bei ganz einfachen Vorgängen beginnen. Wenn du gehst, geh jeden Schritt bewußt: Erdberührung, Fuß eindrücken, abrollen, ablösen, neu aufsetzen. Stell dir vor, du gehst auf Wasser, auf weichem Moos, auf Gras, auf Schlamm, auf Eisen. Versuche, mit der Sohle den Boden zu spüren, den du dir vorstellst.

Die nächste Übung zeigt dir den Zusammenhang zwischen Körperbewegung und Vorstellungskraft. Stell dir in deiner Phantasie so lange deinen ausgestrecken Arm vor, bis er sich wie von selbst hebt. Dann stell dir vor, du kannst ihn nicht mehr senken, solange bis er wie versteinert vor dir in der Luft steht. Du wirst spüren, daß du ohne den inneren Befehl den Arm nicht senken kannst.

Eine andere Übung, die gut für die Beweglichkeit deines Körpers, aber auch für die Aktivierung deiner Energien ist, beginnt mit dem Bild des Kreises: Stell dir einen Kreis vor und denk dir, du beschreibst mit deinen Hüften, deinem Po diesen Kreis. Bewege dich zuerst gar nicht. Stell dir nur vor, wie du mit deinen Hüften kreist, wobei du den beschriebenen Kreis weit ausmalst; jetzt nimm in deiner Phantasie auch die Hände dazu. Stell dir vor, daß du einen riesigen Kessel vor dir hast, in dem du mit beiden Händen einen Brei umrühren mußt. Beschreibe diesen Kreis des Umrührens in dem großen Kessel mit den Händen und mit den Hüften.

Je länger du dir dieses Bild vorstellst, desto drängender ist der Wunsch, mit dem Körper das Bild zu realisieren. Wenn du diesen Drang ganz stark spürst, fang an, mit dem Körper das Bild zu realisieren.

Untersuche alle alltäglichen Dinge eines Tages, die du tun mußt und beobachte, welche Art von Energie und wieviel du aufbringen mußt. Beobachte auch, wieviel Energie du unterdrücken mußt. Durchlebe einen Tag ganz bewußt. Du wirst merken, daß du unnötige Handlungen aussparst, daß du die wesentlichen Dinge langsamer angehst.

Spürst du, was Energie ist? Merkst du, wie fließend der Übergang zwischen Energiekonzentration in der Phantasie und Energieanwendung im Körper ist?

In Momenten starker Anspannung, Wut, Ärger, in Momenten also, wo du Energie staust, versuch einmal, diese Energie auf einen Punkt zu bringen. Stell dich breitbeinig, geh leicht in die Knie, wiege dich, bis du fühlst, wo deine Mitte ist. Streck die Arme nach unten, Finger gespreizt, Handflächen nach vorne. Die Energie, die du auf den Handflächen fühlst, baust du jetzt langsam auf, indem du die Arme seitlich nach oben hebst, so daß die Energie wie eine Säule über deinem Kopf konzentriert wird. Konzentriere dich, sammle alle deine Energien und laß dann los, indem du deine Hände zu Fäusten geballt zu deinem Solarplexus ziehst und dabei in die Knie gehst. Der Atem geht mit einem Zischlaut aus dem Körper, und all deine

Energie ist in deiner Mitte konzentriert, der Überschuß ist abgebaut, du fühlst dich konzentriert und frisch.

Diese Übung stärkt deine Vorstellungskraft für verschiedene Materien: Stell dir vor, du schöpfst mit deinen Händen Wasser, hebst es bis zu deinem Gesicht und läßt es wieder herunterlaufen. Wenn du ein klares Bild davon hast, geh leicht in die Knie bei bequem parallel gestellten Füßen und fang an, mit den Händen imaginäres Wasser zu schöpfen und wieder fließen zu lassen. Du erlebst, wie die Bewegungen ineinander fließen, ohne Anfang, ohne Ende. Diese Übung hilft dir, den Fluß kosmischer Kräfte zu verstehen: ein Fließen ohne Beginn, ohne Ende, ohne Mitte. Fluß – und du mitten drin.

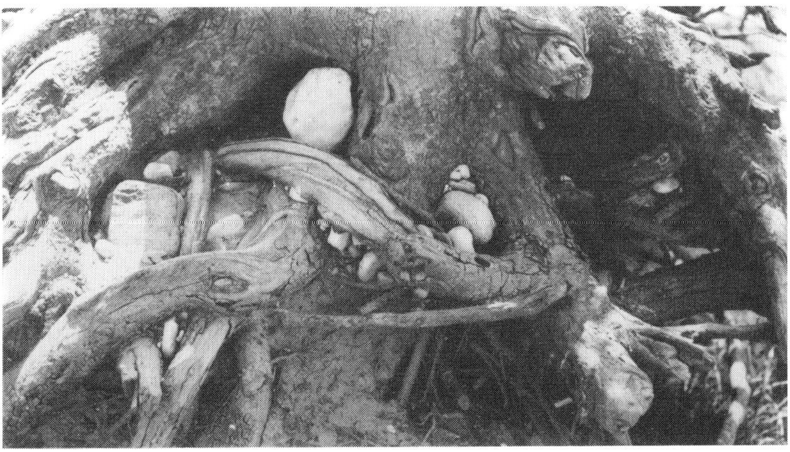

Nun kannst du beginnen, dir verschiedene Materialien und Konsistenzen zu erarbeiten. Setz dich bequem und mit aufrechter Wirbelsäule, schließe die Augen und stell dir vor, du sitzt einem Stein gegenüber. Berühre ihn in deiner Vorstellung. Wie fühlt er sich an? Kalt? Porös? Weich? Hart? Glatt? Versuch eine sinnliche Vorstellung des Steins zu fühlen. Wenn du ihn genau kennst, stell dir vor, daß du dich verkleinerst, dichter wirst, langsam in den Stein hineingehst und die Beschaffenheit des Steins annimmst. Dehne dich im Stein aus, spüre, wie du selbst Stein bist, wie du die erfühlte Beschaffenheit des Steins annimmst. Beobachte, wie verändert du nun, als Stein, die Umgebung wahrnimmst.

Diese Übung kannst du mit Holz, Pflanzen, Blumen, Bäumen, mit Erde, mit Feuer, mit Wasser, mit Farben machen.

Ableitung von Energien: Wir haben alle gelegentlich das Gefühl, von unerklärlichen Depressionen befallen zu sein, Niedergeschlagenheit kommt ohne Grund und macht sich breit in uns. Wir können uns nicht befreien, fühlen uns gelähmt und schlecht. Diese Übung ist gut, solche negativen Energien umzuwandeln, sie von sich ableiten zu lernen, sie zu bannen.

Zuerst mußt du diese schlechte Energie in dir einkreisen, sie konzentrieren, sie beobachten, bis du spürst, wie stark sie ist. Wenn du ein klares Gefühl dieser Energie gefunden hast, fang an ein Bild herzustellen, in das du die Energie verwandeln, ableiten willst. Stelle dir vor, wie du tanzt und sie von dir schleuderst, stell dir vor, wie du sie aus deinem Körper stößt, stell dir den Flug eines Pfeils vor und mach in deiner Phantasie das ganze Ritual: den Bogen halten, die Energie in den Pfeil projizieren, den Pfeil in den Bogen setzen, den Bogen langsam spannen, dabei aber das Gefühl für die Mitte deines Körpers nie verlieren, halte den Punkt höchster Angespanntheit so lange du kannst, presse die ganze Energie hinein. Im Moment größter Konzentration schick den Pfeil ab und bitte die Luft, die Energie zu verwandeln. Du kannst die Bogenübung auch körperlich durchspielen ohne Pfeil und Bogen. Du kannst dir aber auch Pfeil und Bogen besorgen und die Übung, nachdem du sie intensiv in der Phantasie durchlebt hast, wirklich machen.

Eine andere Möglichkeit: Stelle dich breitbeinig hin, geh leicht in die Knie, leg die Handflächen an den Solarplexus, berühre aber deinen Körper dabei nicht, stell dir vielmehr eine Energieschicht zwischen Händen und Körper vor, die du berührst. Konzentriere dich, sammle mit den Handflächen wie mit einem Magneten die Energie ein. Wenn du den Punkt höchster Konzentration und Sammlung erreicht hast, dreh die Hände mit einer ruckartigen Bewegung nach außen, beide Handflächen abwehrend vor dich gehalten. Der Atem geht dabei mit einem *ha* aus dem Körper.

Diese Übung ist die Einleitung zu Trancen, zu Astral-Reisen. Sie löst dich über eine tiefe körperliche Entspannung von Alltagsproblemen, von der Begrenztheit deines Körpers ab und gibt dir die Möglichkeit, neue spirituelle Erfahrungen zu machen.

Lege dich auf einen bequemen Untergrund, decke dich mit einer Wolldecke zu, damit du nicht frierst, wenn dein Kreislauf langsamer läuft. Wenn du Schwierigkeiten hast, dich zu entspannen und leicht abgelenkt wirst, lege ein weiches dunkles Tuch über die Augen. Nun kannst du anfangen, deinen Körper in Gedanken zu entspannen.

Du bist entspannt, dein Körper ist entspannt und locker. Lenke deine Aufmerksamkeit auf deine Zehen: Deine Zehen sind locker und warm, deine Fußsohlen, deine Fersen sind locker und ganz entspannt. Laß sie schwer werden, ganz schwer. Die Entspannung fließt über deine Fußspitzen zu den Knöcheln und in die Waden. Sie sind entspannt und ganz schwer. Deine Knie, deine Oberschenkel sind schwer und entspannt. Schwer und entspannt sind deine Beine, sei ganz schwer in deinem Körper, locker und warm und ganz entspannt. Jetzt dein Po, dein Bauch, deine Scheide, deine Beckenmuskeln, die Bauchmuskeln sind entspannt und ganz locker. Dein Bauch ist warm und entspannt. Ganz schwer. Mehr und mehr entspannt. Die Wärme wandert in deinen Rücken, in die Wirbelsäule, in die Schultern. Sie sind entspannt und locker und sehr schwer. Immer schwerer, immer entspannter ist dein Körper. Jetzt deine Finger, deine Hände, deine Unterarme, deine Ellbogen, schwer und entspannt liegen deine Arme, locker und warm. Und ganz entspannt. Jetzt auch dein Nacken, dein Hals. Sie sind schwer und entspannt und ganz locker. Du läßt alles schwer und tief sinken. Laß einfach los. Schwer und entspannt liegt dein Körper. Ganz warm.

Ganz entspannt. Dein Kinn, deine Ohren, deine Lippen, deine Wangen, die Kopfhaut, alies entspannt sich jetzt und wird ganz locker und ganz schwer. Die Muskeln um die Augen und die Stirn werden überflutet von der Wärme und Entspanntheit deines Körpers. Laß sie ganz locker, ganz entspannt.

Jetzt ist dein ganzer Körper entspannt und ganz schwer. Laß deinen Atem ruhig durch den Körper fließen. Laß los. Ganz locker und entspannt sind alle Muskeln. Alles ist ganz schwer und entspannt. Alles fließt in deinem Körper, du bist jetzt wirklich ganz entspannt.

Nach dieser Entspannungsübung kannst du verschiedene Variationen von Übungen machen:

SCHUTZKREIS: Stell dir eine Materie, eine Farbe, ein Licht, irgend etwas vor, was für dich Wohlbefinden und Schutz bedeutet. Umhülle dich damit, atme es ein, ziehe einen Kreis um dich herum. Du wirst dich nun ganz sicher und ganz geschützt fühlen. Später kannst du diesen Schutzkreis auch ohne Tranceübung um dich herum ziehen. Die Erinnerung an diese intensive Übung wird ein Gefühl von Sicherheit in dir auslösen und dich wirklich schützen.

SCHWEBEN: Stell dir vor, wie du nun ganz leicht bist, so als hättest du keinen Körper, als hielte dich die Schwerkraft nicht am Boden. Stell dir vor, wie jeder Atemzug dich ein wenig leichter macht und dich wie einen Ballon vom Boden hebt, ganz wenig. Fühle das Kribbeln im Nacken, dort zieht dich die Energie nach oben. Schwebe über dem Boden durch den Raum, genieße es, leicht zu sein, ohne Bindungen. Dann atme dich wieder in den Körper zurück. Verbreite dich im Körper durch die Wirbelsäule in den Bauch, in alle anderen Körperteile. Bei dieser Übung entsteht ein warmes Kribbeln um die Klitoris. Du kannst hier gut fühlen, wie nah kosmische Energie der Orgasmus-Energie ist.

Wenn du TIEFER IN EINE TRANCE einsteigen willst, kannst du diese Übung machen:

Nachdem du dich körperlich entspannt hast, atmest du ruhig und fließend und stellst dir eine Landschaft vor. Du stehst an einem Felsen. Du siehst einen Pfad, der an diesem Felsen entlang nach unten führt. Nun beginnst du auf diesem Pfad hinunterzusteigen. Fühle die kühlen Felsstufen, den kühlen, feuchten Stein an deiner Seite. Langsam gehst du Schritt für Schritt nach unten. Geh jeden Schritt bewußt. Nun bist du angekommen. Vor dir liegt das Meer. Höre, wie es rauschend immer wieder zum Strand kommt. Fühle den Sand unter deinen Füßen, rieche den Tang und den Geruch des Meers. Schau dir das Schillern des Meers an, das Glitzern des Lichts auf den Wellen. Von hier aus kannst du immer deine Reisen machen. Hier ist der Ablege-Platz und der Ort der Rückkehr.

Von hier aus kannst du zu deinem Wunschplatz reisen, das kann eine Höhle, ein Berg, die Meerestiefe, eine Wiese, ein Haus, ein Zelt, irgend etwas sein, das deinem Bedürfnis nach Ruhe, Schutz und Wohlbefinden entspricht.

Von hier aus kannst du in andere Zeiten, in andere Welten reisen.

Von hier aus kannst du dich auf den Weg machen, um deine Beraterin zu finden. Du kannst an deinen Wunschort gehen und dort auf sie warten. Sie kann in Form einer Pflanze, eines Tiers kommen, sie kann eine Frau sein, die du kennst, sie kann eine Frau sein, die du nicht kennst.

Wenn du sie suchst, wird sie kommen, eines Tages, irgendwann.

Von hier aus kannst du auch weiter in die Tiefe deines Seins gehen. Eine gute Möglichkeit ist die Nummerntrance.

Du stehst am Strand und siehst vor dir 3 Gegenstände. Drei Steine, drei Bäume, drei Boote, drei Muscheln. Auf jeden Fall 3. Betrachte dir die 3 Gegenstände deiner Wahl. Sieh sie dir genau an. 3. Dann gehst du weiter und findest einen Platz, an dem 2 Gegenstände stehen, wie ein Tor, durch das du gehen wirst. 2 Steine, 2 Blumen, 2 Krebse, 2. Du gehst durch das Tor der 2 und kommst zur 1. Eine Schale, eine Höhle, ein Stein, ein Tier, 1. Nun bist du ganz tief ins Zentrum deiner Spirale gegangen. Von hier aus kannst du beginnen, den Faden deines Lebens zu suchen, zurückzugehen zu der, die du warst. Von hier kannst du in deinen Körper gehen, auf den Strömen deines Blutes durch die Adern reisen und dir deine Organe, den Ort deiner Schmerzen, deiner Blockierungen anschauen. Wenn du zurückkehren willst, wenn du dich in der Trance nicht mehr wohlfühlst, kannst du einfach bis fünf zählen, 1, 2, 3, 4, 5 und du bist wieder zurück in deinem Körper, in deiner vertrauten Umgebung.

Wenn du Trancen machen willst, solltest du dafür sorgen, daß du ungestört bist. Daß du an einem Ort bist, wo du dich ruhig und geschützt fühlst. Laß dich aber von den Geräuschen der Umgebung nicht stören. Beziehe sie einfach ein. Du solltest auch wissen, daß eine Trance nichts mit Hypnose zu tun hat. In jedem Moment der Übung hast du selbst die Kontrolle. Du bestimmst, wie weit du einsteigst und wann du aufhörst. Mach vor jeder Trance einen Schutzkreis um dich, so kannst du dich wirklich sicher fühlen.

In dieser Übung kannst du deinen Puls, den Puls der Erde, den Puls des Universums erfahren. Du kannst dich dazu aufrecht hinsetzen (wichtig ist, daß die Wirbelsäule gerade ist und den Strom nicht behindert, der durch deinen Körper fließt), oder etwas breitbeinig hinstellen und leicht in die Knie gehen. So sinkst du wirklich in dein Zentrum und kannst dich erden. Fühle die Verbundenheit mit der Erde durch die Fußsohlen oder durch den Po. Schließe die Augen und fühle, wie dein Blut durch den Körper pulst. Spür den Rhythmus deines Pulses. Nach einiger Zeit bemerkst du, daß dein Puls Teil eines größeren Rhythmus ist. Die Erde, auf der du stehst/sitzt pulst. Fühle diesem Puls nach und geh ganz in dem Puls zwischen Erde und dir auf.

Nun erweitere deine Aufmerksamkeit auf den Raum um dich herum: Er ist mit Energie gefüllt und pulst. Und nun kommen Pulsschläge auf dich zu, von anderen Körpern, von nah, von weit entfernt. Dehne dich mit jedem Pulsschlag weiter aus, zuerst füllst du den Raum aus, in dem du sitzt, dann das Haus, dann die Landschaft, dann die Erde, dann den Raum um die Erde herum, immer weiter, immer intensiver pulst du im Rhythmus der Erde, des Universums. Jeder Pulsschlag dehnt deinen Körper weiter aus, macht ihn durchscheinend, elastischer, empfindsamer für alle Schwingungen um dich herum. Schließlich pulst du wie ein riesiger Körper im All. Fühle den starken Rhythmus in dir, um dich herum.

Nun ziehe deine Energien wieder zurück, konzentriere sie und werde kleiner damit, immer kleiner. Spüre die Auflösung deines universalen Pulsschlags in vielen Rhythmen, die auf dich zukommen, mit deinem Puls ineinanderfließen und sich wieder lösen und entfernen. Andere Körper dehnen sich in dir aus und pulsen ihren Rhythmus durch dich hindurch. Geh zurück zu deinem Ausgangspunkt: Fühle die Erde unter dir, fühle deinen Atem, wie er durch dich fließt, fühle den Raum um dich herum, wie viele Häute.

Wenn du diese Puls-Übung oft machst, kannst du lernen, auf der Welle deines Pulsschlags durchs All zu fliegen, kannst du dich ausdehnen und deine Schwingungen verbreiten und dich damit schützen. Wenn deine Energien wirklich konzentriert sind, kann niemand den Raum durchbrechen, den du mit deinem Pulsschlag schaffst und erweiterst. Diese Übung kann dich wirklich überall schützen und dich mit kosmischen Energien verbinden.

SPRACHE UND TÖNE: Sprache ist für uns zugleich Begrenzung und Mittel zur Erinnerung an die alte Macht.

Mit Sprache können wir Wahrheit verschleiern.

Die *herr*schende Sprache zeigt deutlich, wie wichtig Benennungen sind (herrlich, dämlich).

Wenn wir Sprache und Benennungen neu erkennen und neu sprechen wollen, müssen wir uns zuerst von ihr lösen. Die gemeinsame Sprache aller Dinge ist das Schweigen. Der ursprüngliche Name aller Dinge ist der unaussprechliche. Wir müssen schweigen und fühlen lernen, um die Energiefelder, den Strom der Schwingungen zu verstehen, der zwischen allen Dingen, aller Materie und dem Universum fließt. Gleichzeitig lernen wir aber, daß alte Benennungen Macht in sich bergen. Ein Name, der tausende von Jahren hindurch angerufen wurde, füllt sich mit den Bildern und Visionen, den Träumen und Projektionen derer, die ihn anrufen. In all den vielen Namen der Göttin liegt diese Energie. Wenn du einen Namen aussprichst, wenn du eine alte Anrufung, ein altes Lied sprichst oder singst, weckst du die Macht der Göttin, verbindest du dich mit ihr.

Wir können aus der Sprache einzelne Töne und Laute herauskristallisieren. Die Schwingungen der Töne verbinden sich mit deiner Energie und fließen mit ihr durch dich und hinaus. Auf diesen Tönen können wir fliegen. Wir können zum Resonanzkörper dieser Energie werden und gleichzeitig von ihr fortgetragen werden.

Wenn du mit Tönen arbeitest, mit Summtönen, mit Flötentönen, mit gesungenen Lauten, mit Instrumenten, mit dem Ton und Rhythmus der Trommel, entdeckst du plötzlich, von wie vielen zerstörerischen Tonschwingungen du umgeben bist. Du mußt lernen, dich davor zu schützen, diese Zerstörung bewußt auszuschließen. Lerne, die Gewalt der Töne von dir abgleiten zu lassen wie das Wasser von einem eingefetteten Körper abgleitet.

Im Umgang mit all diesen Energien ist es sehr wichtig, daß du lernst, dich zu schützen, daß du lernst, gerade soviel davon aufzunehmen, wie für dich gut ist. Auch zuviele „gute“ Schwingungen können dich zerstören, wenn du nicht vorbereitet bist, wenn dein Körper nicht stark genug ist.

MASSIERE DEINEN LICHTKÖRPER: In Zeiten, in denen du Schutz brauchst und besonders verletzlich bist, kannst du deinen Lichtkörper massieren und stärken und damit deinen Festkörper behüten und schützen. Stell dich breitbeinig, barfuß auf die Erde, geh leicht in die Knie, schließ die Augen. Stell dir ein Gefäß mit goldenem Licht vor, das vor dir steht. Konzentriere dich auf das volle, warme Licht, das in der Schale schwimmt. Streck jetzt deine Hand danach aus, tauche sie in das Licht und fange an, den Raum über deiner Haut mit diesem Licht sanft zu massieren, berühre dabei aber nie den Körper selbst. Fang bei den Füßen an und arbeite dich nach oben, so als ob du dich mit Creme einreiben würdest. Die Füße, die Beine, die beiden Pobacken, die Vagina, den Bauch, geh um die Hüften herum so weit an deinem Rücken hoch, wie deine Hände reichen. Tauche immer wieder in das Licht ein, geh verschwenderisch damit um. Dann verteile das Licht mit beiden Händen über die Schultern, über die Hände, die Arme und strahle mit den Fingerspitzen hinunter zu den Schulterblättern. Fühle, wie das Licht über den Rücken fließt.

Bewege jetzt die beiden Handflächen mit neuem Licht unmittelbar über dem Nacken, kreisend, Spiralen zeichnend, das Licht immer wieder auch über den Kopf auf die obere Fläche der Kopfhaut führend. Berühre auch hier nie die Haut, sondern nur den Raum unmittelbar über der Haut. Tauche nun wieder neu in das Licht und verteile es über das Gesicht, nach außen kreisend und in der Mitte des Gesichts wieder zur Stirn strebend, beschreibe weitere Kreise, die die Brüste und Schultern mit einbeziehen und komme immer wieder in der Mitte zur Stirn hoch. Schließe die Massage ab, indem du beide Hände zum Solarplexus führst und dort über der Haut ruhen läßt wie auf einem Luftpolster.

Atme tief ein und zischend aus. Fühle die Erde unter dir und werde dir noch einmal des Raums bewußt, der deinen Körper unmittelbar umgibt. Dies ist dein Traumkörper, dein astraler Körper. Sei dir bewußt, daß jede

Verletzung, jeder Schutz, jede Stärkung und Heilung in diesem Körper beginnt, ehe sie den Festkörper erreicht.

SPIRALTANZ: Die Bewegung, die uns am meisten mit der Bewegung im Kosmos verbindet, ist der Tanz. Tanzend gleichen wir den Sternen, Planeten, Sonnensystemen, Galaxien. Tanzend werden wir eins mit dem All, tanzend erwacht die Göttin in dir.

Male dir eine Spirale oder ein Labyrinth auf den Boden (mit Mehl oder Sand, mit Kreide oder Farben). Du kannst als Vorbild eine Spirale oder ein Labyrinth von griechischen, kretischen, ägyptischen , sumerischen, mesopotamischen Tempeln oder von den Tempeln in Malta oder von den Megalithsteinen nehmen.

Fang nun ganz langsam an, dich in diese Spirale hineinzutanzen. Drücke mit deinen Händen, deinem Körper, deinem Gesicht, deinen Füßen aus, was du suchst, wo du hingehst. Setze deine Gefühle in Bewegungen um. Singe oder summe. Wenn du im Zentrum bist, versuche, ruhig und schweigend zu verharren.

Stelle wortlos deine Fragen. Glaube die Antworten, die du fühlst. Tanze dann langsam wieder aus dem Zentrum.

Bedanke dich.

VIII RITUALE MIT MOND, SONNE UND ERDE

Rituale sind symbolische Handlungen, die auf der spirituellen Ebene Energien konzentrieren, um sie dann in der realen Ebene sichtbar und erfahrbar zu machen.

Indem wir in eine Handlung eine bestimmte Überzeugung legen, beginnt diese Handlung, die Überzeugung zu realisieren. Indem wir ein klares Bild von einem Zustand herstellen und dieses Bild mit rituellen Gesten und Bewegungen unterstützen, nimmt das Bild Form an und wird Wirklichkeit. Die Wirksamkeit liegt in der von dir gewählten Form, in der Symbolik der vier Elemente und ihrer Anwesenheit im Ablauf des Rituals, in der Symbolik der gewählten Worte, in der Wiederholung. Ein Ritual muß nicht „logisch" sein. Die Bedeutung liegt vielmehr darin, daß du deine Überzeugung in die Handlung einbringst. Du weißt, dadurch daß du dieses Ritual machst, stellst du eine Verbindung her, kannst du etwas auslösen. Diese Überzeugung, unterstützt durch die Symbole, die du verwendest, bewirkt die Sammlung von Energie und bringt dich zu dem gewünschten Ziel.

Rituale können sehr einfach sein. Du kannst sie selbst erfinden. Wenn du ein Ritual feierst, solltest du einige Überlieferungen kennen, die dein Ritual mit alter Kraft anfüllen und wirksam machen:

– ziehe immer einen Kreis, wenn du Energien anrufst. In dem Kreis bist du geschützt, gleichzeitig ist er das Symbol für die Bereitschaft, Energie aufzunehmen.

– wenn du dein Ritual nicht alleine machst, denk daran, daß zwei und vier keine guten Zahlen für gemeinsame Rituale sind. Die alten magischen Rituale, zum Beispiel der Diana, wurden mit 9, 11 oder 13 Frauen gefeiert. Stark ist auch die Verbindung von 3 oder 7 Frauen.

– beziehe immer die vier Elemente mit ihren Kräften in dein Ritual ein. Luft wird durch Räucherung oder Musik vertreten; Erde durch eine Figur, einen Stein, durch Hirse oder Getreide, durch Federn oder Tierhaare; Feuer durch den Stab, durch Feuer, oder auch durch Kerzenlicht, und Wasser durch eine Schale mit Wasser oder einen Kelch mit Wasser, oder auch durch Wein. (Manche Hexen lehnen Wein bei Ritualen ab, und es ist sicher richtig, daß du einen klaren Kopf brauchst, wenn du Anrufungen machst.)

Mond und Sonne üben die stärkste, fühlbare und sichtbare Kraft auf uns aus. Die Sonne bestimmt das Wachstum von Menschen, Pflanzen und Tieren. Sie macht Leben überhaupt erst möglich. Mond beeinflußt unsere Seele, unsere Träume, den Traumkörper, die Strömung der Meere, das Blut. In der Zeit der Matriarchate (die das Patriarchat bezeichnenderweise *Vor*geschichte nennt) und von der wir überall in der Welt Spuren gefunden haben und noch finden, wurde Mond verehrt und heilig gehalten, weil sie Zeichen des notwendigen Wandels, der ständigen Veränderung und Bewegung war. Mond und Menstruation waren untrennbar. Die Frauen menstruierten gemeinsam in Menstruationshäusern, die nicht Verbannung und Isolierung, sondern Sammlung der Kraft bedeuteten. In meinen Träumen bemalten sich die Frauen mit ihrem Menstruationsblut und tanzten die Spirale der Göttin. In meinen Träumen begannen Männer zu morden, um an die Kraft des Blutes zu gelangen.

Die Energie von Mond war immer eng mit der Energie der Frauen verbunden und ist es noch heute. Mond vertritt das Prinzip der Ganzheitlichkeit: Zunehmen, Kindheit, Blüte – Fülle, Reife, Überfluß – Ernte, Weisheit, Erneuerung. In der hettitischen Mythologie ist die Sonne die Mutter: Arinna; Mond die Tochter: Mezulla, und die Erde die Schwester: die Leopardengöttin Inar.

Selbst die Kirche kam an der Mondgöttin nicht vorbei und mußte dem patriarchalen Gott die Mutter Gottes, Himmelskönigin, Stella Maris, Mutter Maria zur Seite stellen. Und in den Wallfahrtsorten wird nicht der ferne Gott, sondern die Göttin in Form der Maria angerufen. Die Attribute der Maria stammen aus ältesten „heidnischen" Kulten: die Mondsichel ist das Attribut der Mondgöttin, der ägyptischen Isis, der Hathor, der Brigit der Kelten, der Mezulla der Hettiter. Der Apfel ist das Attribut der Hathor und der keltischen Cerridwen. Die schwarze Madonna von Sainte Marie, Altötting (Alt-Göttin) oder Neuburg ist die Nachfolgerin der alten Hekate, der schwarzen Göttin, der indischen Kali, der Gebieterin über Tod und Erneuerung des Lebens. Die dreifache Maria von Polling oder von Leutstetten in Bayern ist keine andere als die dreifache Macha der Kelten, die dreifache Göttin, die durch Mond vertreten wird (zunehmend: Nimue, Vollmond: Mari, Neumond: Anu). Die Mandorla, in der die Maria dargestellt wird, die Muschel auf der sie steht, symbolisieren die Kraft des Wassers, des weiblichen Geschlechts, der matriarchalen Zeit. Die Muschel ist auch Sinnbild der Meergöttin Tiamat, die als Mutter der Welt, Göttin des Chaos beschrieben wird; und – sie ist Stella Maris, Stern des Meeres.

Der Name Maria ist verbunden mit Maya, der alten Muttergöttin in Indien und im keltischen Raum, die nicht wirklich Illusion bedeutet, sondern „schaffende Gottheit", die verschleierte, die alles erschafft (Illusion für den, der nicht sehen kann). Maya ist auch der Stamm des Wortes Majestät: Erhabenheit, Hoheit. Es gibt auch die Verbindung zur keltischen Macha, Muttergöttin, Erdgöttin, Schöpferin der Erde. (Könnte es sein, daß nicht einmal das Wort *macho* wirklich männlichen Ursprungs ist, sondern nur als

Machtsymbol ausgeliehen wurde?!)

Maria ist bis heute die Schutzpatronin der meisten heiligen Quellen und Wallfahrtsorte der Kelten, vor allem in Bayern. Sie hat die Göttinnen Morrigan, Cerridwen, Brigit, Epona abgelöst, denen die kultischen Quellen und die Eichen geweiht waren. Aus Frauenbrünndl wurde Mariabrünndl, aus Frauenhaar wurde Marienhaar. Aber Maria blieb die Göttin, die sie war.

Noch heute sind die Plätze größter Kraft Wallfahrtsorte und geweihte Quellen. Dort hat die katholische Kirche ihre neuen Gebetshäuser über die alten Tempel gebaut, um die Menschen unter ihre Herrschaft zu bringen. Unter den Kirchen und in den heiligen Quellen aber sprudelt die alte Kraft.

In der Zeit der Mondverehrung sind Rituale entstanden, die eine Verbindung mit der Großen Göttin herstellten, die die Mondschwingungen umsetzten in weibliche Energien. Einige dieser Rituale möchte ich hier beschreiben, weil sie sehr schön nachzufeiern sind und viel Kraft geben.

MOND UND EI

Trefft euch in einer Vollmondnacht im Freien, an einem Ort, der geschützt sein sollte, wo ihr ungestört feiern könnt. Bildet einen Kreis, gebt euch die Hände oder berührt mit der linken Hand jeweils den Nacken der links neben euch stehenden Frau. Zwei Frauen lösen sich aus dem Kreis. Eine bereitet in der Mitte des Kreises eine Schale mit Wasser, ein Schälchen mit Salz und drei Eier vor.

Während sie mit Salz und Wasser jede Frau in den Kreis aufnimmt (ich reinige dich, ich nehme dich in den Kreis auf), geht die andere Frau aus dem Kreis nach außen und zieht sieben größere Kreise um die Frauen herum, wobei sie sagt:

Ich ziehe einen Kreis
einen Kreis ziehe ich
die Macht der Göttin anzurufen
Ich rufe die Göttin in unseren Kreis
ich ziehe einen Kreis
einen Kreis ziehe ich für uns alle
die Macht der Göttin anzurufen.

Sie geht wieder in den Kreis und wird gereinigt und aufgenommen. Dann nimmt sie Salz und Wasser und nimmt die letzte Frau in den Kreis mit auf.

Nun sagt sie: Ich rufe dich, Göttin ...... (jede Frau wählt vorher die Göttin, die sie in den Kreis rufen will), reihum sagt jetzt jede Frau im Kreis, welche Göttin sie ruft. Dann geht die erste Frau in den Kreis, holt die drei verschieden gefärbten Eier, weiß – für die Jungfräuliche Göttin, die Wachstum, Reinheit und Mut verkörpert – rot, für die Muttergöttin, die Fülle,

Sinnlichkeit, Reife, Überfluß verkörpert, und schwarz für die Alte Göttin, die Wandel, Erneuerung, Weisheit, Geheimnis verkörpert.

Nun legt jede Frau in jedes Ei einen Wunsch. Einen an die jungfräuliche Amazone, einen an die Mutter, einen an die Alte. Sie kann das laut sagen oder denken. Wenn sie ihre Wünsche beendet hat, gibt sie die Eier gegen den Uhrzeigersinn weiter.

Wenn alle Frauen ihre Wünsche ausgedrückt haben, gehen sie zur Mitte. Jede gräbt mit den Händen, eine nach der anderen, ein Loch, bis es groß genug ist, daß die drei Eier hineingelegt werden können. Dann legen sie wieder Erde drüber und darauf legen sie Geschenke. Jede Frau hat der Göttin, die sie angerufen hat, ein Geschenk mitgebracht.

Die erste Frau sagt:

Hier sind die Wünsche deiner Töchter.
Wir legen sie in deine Obhut.
Bewahre sie, reinige sie, erfülle sie.
Hier sind unsere Wünsche,
fülle sie mit deiner Macht.
Bewahre uns, reinige uns.

Alle Frauen bilden wieder einen Kreis und singen, summen oder schweigen. Die erste Frau löst sich aus dem Kreis und beginnt rückwärts nach außen um den Kreis herum zu tanzen und damit den Kreis zu lösen.

Sie sagt:

Der Kreis ist gelöst
Unsere Wünsche hütet die Göttin.
Der Kreis ist gelöst.

Nun können alle Frauen tanzen, feiern, Musik machen.

MOND UND STEIN

Bildet den Kreis wie beim Ei-Ritual. Nun geht eine Frau in die Mitte des Kreises, wo ein Stein neben einer Schale mit Wasser liegt. Sie nimmt den Stein, stellt sich zurück in den Kreis der Frauen und sagt:

In diesen Stein lege ich .... (und dabei benennt sie etwas, was sie los werden möchte, zum Beispiel Angst, Schmerzen, Depressionen usw.)

Dann gibt sie den Stein an die rechts neben ihr stehende Frau weiter. Jede Frau legt das in den Stein, was sie am meisten bedrückt und hindert. Wenn der Stein voll ist mit den Sorgen und Nöten aller Frauen, geht die letzte Frau und wäscht den Stein im Wasser der Schale ab.

Dabei sagt sie:

Wasser, wir bitten dich, nimm unsere Sorgen auf.

Eine andere Frau nimmt die Schale und schüttet das Wasser in die Erde oder in fließendes Wasser. Dazu sagt sie:

> Erde/Wasser, ich bitte dich, nimm unsere Sorgen auf
> und wandle sie um in Fruchtbarkeit.

Wenn das Wasser von der Erde aufgenommen wurde, legt eine andere Frau an dieser Stelle für die Erde ein Geschenk nieder. Das können Hirse oder Getreide sein oder Blumen, Muscheln, Steine. Alle fassen sich an der Hand, summen und lassen dann die Hände los. Damit wird der Kreis gelöst und die Energie befreit.

MOND UND WASSER

Versammelt euch an einem Waldbach oder an einem einsamen Ufer eines Flusses. Ihr könnt zuerst einen Kreis bilden und die Mondkraft zu euch rufen. Dieses Ritual kann bei Vollmond (für alle Projekte, alle Aktionen, alle aktiven Wünsche und Zaubersprüche) oder bei Neumond (für inneres Wachstum, für Weisheit, für magische Kräfte und Verständnis der kosmischen Harmonie) abgehalten werden. Wenn ihr den Kreis ein paar Minuten lang zwischen euch geschlossen habt (wie bei den anderen Ritualen, die linke Hand auf dem Nacken der linken Frau), öffnet ihr ihn und stellt euch am Fluß auf. Jede Frau vertraut nun dem Fluß symbolisch ihre Sorgen, ihre Nöte, Wünsche, Sehnsüchte an. Jede Frau kniet sich ans Wasser, spricht alles hinein, was sie dem Wasser und der Mondgöttin sagen möchte.

Sie kann dies symbolisch verstärken, indem sie ein kleines Schifflein oder einen Gegenstand oder eine Blume ins Wasser wirft und damit dem Wasser und dem Mondlicht ihr Anliegen gibt. Die anderen Frauen warten, bis jede fertig ist und verstärken ihre Projektionskraft durch intensive Konzentration auf die Mondenergie.

Wenn alle Frauen an der Reihe waren, schließt ihr wieder den Kreis und summt und atmet tief miteinander. Dann löst den Kreis durch Öffnen der Hände und tanzt, singt, feiert oder geht spazieren.

MOND UND SAATGUT

Wenn ihr Heilkräuter oder Pflanzen oder Körner oder Saatgut aufladen wollt, so nehmt es an einem Vollmond in euren Steinkreis oder in den Kreis, den ihr bei jedem Ritual neu zieht. Besprecht es, nachdem ihr den Kreis wie immer gebildet habt, legt es in die Kuhle, in der beim Steinkreis der Mittelstein liegt, und nehmt es nach dem Ritual wieder heraus. Dinge, die mehr Kraft brauchen und nicht verderben können, legt ihr von einem Vollmond zu einem Neumond in die Erde. Besonders bei Arzneien aus

Kräutern ist diese Methode sehr gut. Laßt einen Vollmond und einen Neumond über die in Erde gelegte Medizin laufen und nehmt sie erst dann zum Heilen.

MOND UND HEILEN

Heilen ist ein besonderes Problem in unserer Gesellschaft. Nicht, weil es keine Heilmittel gäbe, sondern weil wir von dem Gedanken ausgehen, daß Krankheit schlecht ist (unfunktional) und darum ausgemerzt werden muß. Wer nicht funktioniert, ist nicht von Nutzen, wird abgelehnt, negativ beurteilt. Die Abwertung und die aggressive Einstellung der modernen Medizin zum Heilen zeigt sich schon in Begriffen wie KRANKEN-Haus – nicht etwa Heil-Haus. Krankenpflegerin nicht Heilerin, Krankheit bekämpfen, nicht heilen. Im Widerspruch dazu steht aber die Intensität, mit der sich fast alle Menschen mit ihren Krankheiten, Operationen und Leiden identifizieren. Sie werden zu den einzigen Höhepunkten in einem von entfremdeter Arbeit überfüllten Leben. Geschichten von furchtbaren Unfällen, Operationen und Leiden sind die Heldensagen des Atomzeitalters. Das Dahinsiechen hat den Krieg zumindest in Mitteleuropa abgelöst. Entsprechend zwiespältig ist unsere eigene Einstellung zur Krankheit. Einerseits wollen wir sie möglichst schnell los sein – wer kann sich schon eine gemütlich auskurierte Krankheit leisten? – andererseits brauchen wir intensive Betreuung, Mitgefühl, Verständnis, liebevolle Zuwendung und Pflege.

Heilung durch Mond oder Sonne, Heilung durch natürliche Methoden setzt voraus, daß du bereit bist, die Krankheit in deinem Körper anzunehmen, dich mit ihr auseinanderzusetzen und verstehen zu lernen, wo sie begonnen hat, wie weit du sie begleiten mußt, um ihren Ursprung zu erfahren.

Jede Krankheit wächst zuerst in den vielen Schichten deines (für die meisten weder sichtbaren noch fühlbaren) Traumkörpers, bevor sie deinen materiellen Körper erreicht und schädigt. Du kannst also nicht einfach Symptome bekämpfen. (Gegen Husten nimmst du den Tee, gegen Schnupfen das Kraut usw. ...) Natürlich kannst du die Spuren der Krankheit auf deinem Körper bis zu einem gewissen Grad unterdrücken. Aber da sie wie ein Eisberg im Körper nur die Spitze zeigt, nämlich die Symptome, mußt du, um zu einer wirklichen inneren Heilung der Krankheitsursache zu kommen, die Krankheit in dir suchen, befragen, begleiten – zu allen Stellen, an denen sie sich äußert und dir etwas davon mitteilt. Ich halte es für ziemlich gefährlich, die Schulmedizin unter gleichen Bedingungen (Heilungszwang) einfach in der Schamanenmedizin fortzusetzen. Darunter verstehe ich, daß du, statt zum Hausarzt, zum Heilpraktiker gehst oder zum Healer und verlangst, daß er deine Krankheit ausradiert. Jede Heilung beginnt mit der Frage: warum? Warum bin ich krank? Warum will/muß ich sofort gesund sein? Wer hat etwas davon? Was empfinde ich? Warum richten sich Energien in meinem Körper gegen mich? Wo habe ich sie unterdrückt? (Wer diese Frage konsequent stellt, wird sofort merken, daß – massenhaft hinterfragt – wirkliche Heilung in diesem Sinn unsere Gesellschaftsordnung ins Schlingern bringen würde.)

In noch funktionierenden Dorfgemeinschaften mit Medizinmann in Westafrika fangen Heilungen einer kranken Person mit einem Fest, einem Ritual an. Sie wird in die Mitte des Kreises gelegt, den die Dorfbewohner bilden. Sie tanzen und singen. Der Medizinmann fragt das Orakel, wo die Krankheit herkommt. Die Krankheit ist ein Dämon, ein böser Geist, der den Körper gepackt hat. Also beschäftigen sich nun alle Mitglieder der Gemeinschaft unter der kundigen Anleitung des Medizinmannes damit, den Dämon zu vertreiben. Die/der Kranke ist dabei Mittelpunkt, Zentrum der Aufmerksamkeit, der Festivität.

Die tibetanischen Schamanen sagen von einer Krankheit: Die Seele ist in den Schatten geflüchtet. Der Schatten ist die spirituelle , die tiefe Persönlichkeit des Menschen, in der große Kräfte, aber auch große Bedrohungen für den Menschen lauern, wenn er sie nicht kennt.

Die Krankheit muß aus dem Schatten gelockt werden. Das geschieht mit Singen und Tanzen. Töne und Tanz sind die Kräfte, die uns am stärksten mit unserer kosmischen Herkunft verbinden. Anstatt in Gips und elastischen Binden wird die/der Kranke in Schwingungen gehüllt, von Tönen und Vibrationen getragen.

Manchmal tanzen die Kranken selbst, bis sie umfallen und in einer Art Trance zu ihrer Krankheit finden, sie erkennen, und sie schließlich dazu bewegen, den Körper wieder zu verlassen.

Wenn ich in diesem Abschnitt von Heilen spreche, gehe ich immer davon aus, daß du dich selbst heilen willst, nicht andere. Geh nicht davon aus, daß du entscheiden kannst, wer seine Krankheit braucht und wer nicht. Es ist sehr gefährlich, mit Heilversuchen zu experimentieren. Ganz besonders gefährlich und unheilvoll ist es aber, wenn die Frau, die du gerne heilen würdest, Krebs hat. Wenn ein Zerstörungsprozeß im Körper bereits fortgeschritten ist, kann nur noch die *Kranke allein* die Heilung wirklich erreichen. Du kannst und mußt sie dabei unterstützen, wenn sie das will. Wirkliche Heilung kann nur durch die klare Projektion von Heil-Sein, Ganz-Sein, Gesund-Sein *der Kranken* bewirkt werden. Von außen kannst du diesen Prozess fördern, indem du auf die Wünsche der Kranken eingehst, sie anhörst, sie fragst, ihr hilfst, den Ursprung ihrer Krankheit zu finden. Indem du mit anderen Frauen zusammen unterstützende Rituale, Tänze, Feste machst, wenn die Kranke das gerne möchte.

So gefährlich es ist, andere heilen zu wollen, so wichtig ist es, daß du dich selbst heilen lernst. Daß du deinen Körper, seinen Ausdruck, seine wirklichen Bedürfnisse und Signale begreifen lernst.

Wenn du deiner Krankheit nachgehen willst, ist es gut, eine Beraterinnen-Trance zu machen. Du entspannst dich und gehst weiter, indem du dir die Zahl 3, die Zahl 2 und die Zahl 1 bildlich vorstellst (wie Übung S. 69).

VERSTÄRKUNG DER ZAHLENTRANCE

Diese Zahlentrance kannst du verstärken, indem du dir darüber bewußt wirst, daß du jedesmal, wenn du dir von jetzt an ein Bild der Zahl 3 vorstellst und die Zahl 3 dreimal wiederholst, körperlich so entspannt sein wirst wie jetzt. In Zukunft kannst du körperliche Entspannung immer dadurch erreichen, daß du deinen Körper in Gedanken so entspannst, wie du es bei der Einleitungsübung getan hast.

Jedesmal, wenn du dir die Zahl 2, ein Bild der Zahl 2 vorstellst, wirst du geistig entspannt sein, so entspannt wie du es jetzt bist.

Jedesmal, wenn du dir ein Bild der Zahl 1 vorstellst, und die Zahl 1 dreimal wiederholst, wirst du deinen Mittelpunkt finden, so wie jetzt.

NAMENSTRANCE

Du kannst tiefer in die Trance gehen, wenn du anfängst, deinen Namen in den Sand zu schreiben und beobachtest, wie das Meer den Namen mit jeder Welle, die zurückkommt, wieder auslöscht. Schreibe deinen Namen, immer wieder, und betrachte das Meer, wie es deinen Namen mitnimmt. Geh tiefer und tiefer in Trance.

Dann bestärke dich:

ICH BIN EINE FRAU

Ich bin eine Frau. Ein menschliches Wesen von außerordentlicher Stärke, Weisheit und Anmut.

Mein Frauenkörper ist in dem Körper einer Frau entstanden. Ich bin Tochter, Mutter und Schwester in tausenden von Frauen-Generationen: Frauen, die mit ihren Fähigkeiten friedliche und wunderschöne Kulturen geschaffen haben. Frauen, die wichtige Bestandteile unseres Wissens erhalten haben, als die Kulturen untergingen.

Ich bin eine Frau. In mir lebt das Wissen und die Erfahrung aller Lebewesen. Ich kann dieses Wissen und diese Erfahrungen benützen, um eine liebende Welt zu schaffen, so wie sie ursprünglich war.

Ich bin eine Frau. Ein Teil und das Ganze des ersten Kreises. Des Kreises, der Raum und Zeit überschreitet. Des Kreises, der Frauen vereint.

Und das ist wahr.

Kümmere dich bei diesem Teil der Trance nicht um den Widerspruch zu deinem Leben. Was du projizierst, was du visionär zeichnest, das wird dein reales Leben erreichen, und so wirst du sein.

BERATERIN:
Suche jetzt den Weg, den du vorher, in anderen Trancen und auch zu Beginn dieser Trance schon gegangen bist. Geh auf diesem Weg tiefer und tiefer, durch Gebüsch und Hecken in einen Wald. Geh immer weiter auf diesem Weg, fühle das Moos unter dir, die Zweige, die Steine, und geh weiter in den Wald hinein bis du zu dem Platz kommst, den du dir geschaffen hast. Einen Platz, an dem du dich sicher und geschützt fühlst.

Du bist jetzt in deinem Raum, in deinem Zelt, in deiner Höhle, an *deinem Ort*. Dies ist dein Ort, ungestört, sicher, du bist beschützt. Schau dich um. Fange an, diesen Ort anzureichern mit Teppichen, Tüchern, Blumen, Polstern oder mit gewebten Decken. Stück für Stück kannst du diesen Ort jetzt einrichten und schmücken.

Von alters her wissen wir, daß jede von uns mit jeder zu allen Zeiten eine gemeinsame Wesenheit hat oder auch mehrere, die uns Rat geben, uns lehren, uns begleiten und trösten. Wesen, die uns genau kennen, die weise sind und uns ihre Weisheit geben können. Die mit uns ihr Wissen teilen können, wenn wir das wollen. Sie sind mit vielen Namen benannt worden: Schutzengel, Lehrerinnen, Musen, Feen, Vertraute, Waldfrauen. Sie warten darauf, dich jetzt zu treffen.

Setz oder stell dich so in deinem Raum, daß du den Eingang sehen kannst, und warte auf deine Beraterin.

Denke an sie. Rufe sie. Wenn sie kommt, schau sie genau an. Ihre Haare, ihr Gesicht, ihre Stirn, die Augen, ihren Mund, die Schultern, die Arme, die Hände, ihren Körper, ihre Beine.

Vertiefe jetzt deine Trance indem du von 10 bis 1 zählst:
10 – 9 fühle dich tiefer sinken
8 – 7 – 6 – tiefer und tiefer
5 – 4 – 3 – sinke tiefer und tiefer
2 – 1 jetzt bist du in deiner tiefsten Spiralwindung angekommen, wo du Zugang zu deiner spirituellen Kraft hast.

Deine Beraterin betritt deinen Raum. Ihr begrüßt euch. Wenn du das Gefühl hast, daß zwei Beraterinnen kommen werden, so warte ab und beobachte die Tür. Wenn sie kommt, schau sie genau so an, wie du die erste Beraterin angeschaut hast, von Kopf bis Fuß. Sie kommt zu dir. Ihr begrüßt euch.

Du kannst deine Beraterinnen immer sehen, wenn du sie brauchst. Du kannst mit ihnen sprechen und sie über alle deine Probleme und Sorgen befragen. Sie lehren dich. Sie führen dich zu den tiefen Geheimnissen.

Sprich mit ihnen.

Dann erfinde ein Ritual, mit dem du dich von ihr/von ihnen verabschiedest.

Nun kannst du in dein Wachbewußtsein zurückkehren.

Du kannst von 1 bis 5 zählen oder einfach *aus* sagen.

HEILEN MIT MONDENERGIE

Um eine Krankheit aus dem Körper zu lösen, ist es gut, an Vollmond ein Ritual zu machen. Die Kranke liegt in der Mitte eines Kreises. Diesen Kreis könnt ihr bei gutem und warmem Wetter im Freien an einem ungestörten Platz machen; wenn ihr das Ritual ein wenig abändert, könnt ihr es aber auch zuhause machen.

Am Nachmittag vor dem Ritual müßt ihr Pflanzen zusammentragen. Jede Frau, die beim Ritual dabei ist, sollte Blumen oder Kräuter mitbringen. Mit diesen Blumen und Kräutern und mit Weidenzweigen oder anderen biegsamen Zweigen flechtet und schmückt ihr ein Pflanzentor, das in die Erde gesteckt wird, so daß die beiden Öffnungen nach Osten und Westen gehen. (Im Haus kann das Pflanzentor in einer Türe angebracht werden.)

Im Tor sollten auf jeden Fall Rosmarin, Salbei, Thymian und Rosen eingearbeitet sein. Alle Frauen, die beim Ritual mitmachen, verteilen sich nun gleichmäßig auf beide Seiten des Pflanzentors. Die Kranke legt sich zwischen die Beine der Frauen im Osten und wird von ihnen aufgehoben, durch den Kanal der Beine und durch das Pflanzentor zu den Frauen im Westen gereicht. Die Frauen im Westen nehmen sie in Empfang, reichen sie durch ihren Kanal wieder hinaus. Das ist auch ein schönes Ritual, wenn ihr an Lichtmeß eine Initiation feiern wollt.

Siebenmal soll die Kranke durch dieses Tor gehoben werden. Wenn du alleine bist, kannst du dir das Pflanzentor alleine herrichten oder einfach eine Tür mit diesen Pflanzen schmücken, dann gehst du siebenmal durch und konzentrierst dich darauf, daß dein Körper heil und ganz wird:

Ich bin heil
Ich bin ganz
Gesundheit ist der natürliche Zustand
meines Körpers,
mein Körper ist heil
mein Körper ist ganz
Gesundheit ist der natürliche Zustand
meines Körpers.

In bayrischen Gärten finden sich oft solche Rosentore, die ursprünglich in der heidnischen Mythologie Reinigung und Erneuerung spiritueller Kräfte bewirken sollten. Auch in der hettitischen Magie finden sich Heilrituale, bei denen Kranke durch Pflanzentore getragen werden.

Ihr könnt dieses Heilritual verstärken, indem ihr in derselben Vollmondnacht einen kleinen Stoffbeutel mit vorbereiteten Kräutern und anderen Zutaten füllt und diesen als Zauberbeutel mit durch das Tor tragt und auflädet. In dem Beutel (der aus Naturfaser sein muß) sollte nach hettitischer Überlieferung enthalten sein: eine Handvoll Erde, sieben Saubohnen, sieben Wacholderbeeren, sieben Rosmarinnadeln, sieben Salbeiblätter, sieben kleine Kieselsteinchen, eine Prise Thymian und sieben Rosenblätter. Außerdem kann noch ein Stein, eine Muschel, eine Feder, irgend etwas, was die Kranke besonders liebt, hineingelegt werden. Der Beutel wird der Mondgöttin geweiht, mit der Erde verbunden (einmal auf den Boden gelegt und wieder aufgehoben) und dann der kranken Frau gegeben.

Nach dem Ritual geben sich alle Frauen die Hände, atmen tief zusammen, summen, singen und lösen dann den Kreis auf, indem sie die Hände lösen.

MOND UND ORAKEL

Wenn du auf eine Frage dringend eine Antwort brauchst, geh bei Vollmond an einen geschützten Ort, an *deinen* Kraftplatz, schreib die Frage auf ein Stück Pergament, räuchere die Luft mit Salbei, Thymian, Rosmarin und rufe die Mondgöttin (sie hat viele Namen: Diana, Artemis, Hekate, Selene, Minerva, Nimue – die wachsende, Mari – die volle, Anu – die verschleierte Mondin).

Dann sage ihr deine Frage, verbrenne den Zettel, auf dem die Frage steht, und lege dich mit dem linken Ohr auf die Erde um zu hören, die rechte Gesichtshälfte ist der Mondgöttin zugewandt. Wenn du meinst, die Antwort gefunden zu haben, schreibe sie auf Pergament und verbrenne sie auch. Verbrennt das Papier vollständig, so hast du die Antwort richtig gedeutet. Bleibt aber ein Rest unverbrannt, muß die Frage noch einmal gestellt werden, vielleicht genauer.

DIE MONDGÖTTIN

In nächtlichen Ritualen wirst du vor allem der Mondgöttin immer wieder begegnen. Der Mondgöttin als Teil der großen Göttin. Sie ist die Hüterin und Beschützerin der Frauen. Diana wurde vor allem bei den Etruskern verehrt. Zu ihren Festen waren nur Frauen zugelassen. Sie feierten die Göttin, tanzten, sangen und liebten sich. Diana ist der jungfräuliche

Aspekt der Mondgöttin. Sie ist die Beschützerin der Liebe zwischen Frauen. Sie hütet die wilden Tiere und die nächtlichen Wälder. Diana führt dich zu deiner unverletzten weiblichen Identität zurück. Wenn du nachts durch den Wald gehst, siehst du sie in Nebeln und im Dunst, der über nächtlichem Wasser aufsteigt. Sie berührt dich, wirbelt dich herum, macht dir Angst, um dich wieder in Ekstase und Fröhlichkeit zu versetzen. Rehe und Hirschkühe sind ihre Tiere. Wenn du ruhig sitzen bleibst, kann es sein, daß diese Tiere zu dir kommen. Du kannst ohne Worte zu ihnen sprechen und weißt, daß sie Dianas Tiere sind, so wie du ihre Priesterin bist.

Diana ist der Aspekt des Wachsens, der Furchtlosigkeit, der Reinheit, die Zeit bis zum Vollmond.

Die Blütezeit, die Zeit der Fruchtbarkeit, der überschäumenden Energie und Lust, ist die Zeit der Muttergöttin. Sie verkörpert Fülle, Höhepunkt, Überfluß. In Mesopotamien und Sumer heißt sie Innana-Ishtar, in Akkad und den hettitischen Ländern Sawuska, Hathor in Ägypten, sie hat viele Namen und wird überall verehrt.

Abnehmender Mond bis Neumond ist die Zeit von Hekate, der alten Frau, der weisen Frau, der alten Göttin, der Unerbittlichen. Sie verkörpert die Nacht, das Dunkel, die Erneuerung, die Gewalt. Wenn du ihr nachts begegnest, neckt sie dich nicht. Sie steht dir in Bäumen und dunklen Winkeln, zwischen Büschen, in mächtigen Schatten gegenüber. Sie fordert dich. Die Angst, die sie in dir auslöst, kann nur durch bewußte Klarheit verscheucht werden. Die Begegnung mit ihr ist unendlich wertvoll. Sie gibt dir deine Würde, deine Bedeutung, dein Gewicht zurück. Sie tanzt mit dir, bis du zu Boden fällst. Nachtvögel sind ihre Tiere. Die dreifache Mondgöttin ist die Mutter der Druidinnen, der Zauberinnen, der Schamaninnen. Sie ist die weiße Frau, die weiße Göttin. Ihre Priesterinnen sind die Bergfrauen, die saligen Frauen, die weißen Frauen, die Anguanas der Dolomiten, die Banshee in Irland.

Hasen, Eulen, Adler, Rehe verkörpern die dreifache Göttin. Federn, Tierhaare, Steine und Muscheln tragen ihre Kraft. Sie wacht über deine Fruchtbarkeit, deine Menstruation, über den Fluß des Blutes, des Wassers, der Mondenergie. Zu ihr kommst du mit deinen Menstruationsschmerzen, mit deinen Ängsten, mit deinem verletzten, vergewaltigten, ausgezehrten, erschöpften Körper. Sie macht dich heil und ganz. Sie gibt dir die Kraft, dich selbst zu heilen. Ihre Orte sind die hellen Weiher im Wald, das Meer, das Moor, die Energie-Lays (Energiepunkte) der Erde, die Kreuzwege. Vollmond und Neumond sind die Phasen besonderer Kraft, die nach innen (Neumond) und nach außen (Vollmond) geht. Die dreifache Göttin ist die Schöpferin aller Kultur, aller Feste, aller spiritueller Kraft. Jede Frau trägt die Kräfte der dreifachen Göttin, die seit zehntausenden von Jahren verehrt wird, bewußt oder unbewußt, erkannt oder unerkannt, in sich.

SONNE

In der patriarchalen Geschichte wurde die Sonne derart vereinnahmt, daß wir uns Sonnenenergie nur noch als männlich vorstellen können. Sonne ist aber auch die Schöpferin von Leben in sumerischen und hettitischen Mythen. Sie ist bei den Hettitern die Mutter, Arinna, die Erde und Mond geboren hat. Bei den Papuas gibt es Märchen, die Sonne und Mond als Schwestern beschreiben. Im Horoskop verkörpert die Sonnenenergie das 1. Haus, die Persönlichkeit wie Mondenergie das 12. Haus, die Tiefe der Reinkarnationsgeschichte darstellt. Sonne und Mond sind zwei Aspekte in einem Organismus. Sonne ist die Kraft des körperlichen Lebens, Mond die Kraft des spirituellen Lebens. Sonne ist der physische Körper, Mond der Traumkörper. Ich möchte unter dem Aspekt der Ganzheitlichkeit nicht von männlich und weiblich sprechen. In uns gibt es Tag und Nacht, Geist und Seele, Oberfläche und Innenleben. Nur als Ganzes können wir wirklich, in allen Ebenen leben. Nur in der Erkenntnis des ganzheitlichen Stroms finden wir Erfüllung.

Sonnenrituale sind erst aus nach-matriarchalen Kulten bekannt, aber ich glaube, daß auch die Sonne in den Matriarchaten gefeiert und verehrt wurde.

Denn die Frauen, die Kräuter und Beeren sammelten, die eine Gemeinschaft aufbauten, die pflanzten und ernteten, wußten um die Kraft beider Lichter. Wir sollten uns davon lösen, daß das Patriarchat die Sonne vereinnahmt und mit ausschließlich männlichen Symbolen belegt hat. Finden wir unsere eigene Verbindung zur Sonne!

Mein Zugang zu ihr ist die rote Göttin von Babylon, die Arinna, Sonnengöttin der Hettiter, die Ishtar der Babylonier und Sumerer. Sie verkörpern den heißen, leidenschaftlichen, brennenden, hitzigen, orgiastischen Aspekt in Frauen, die Wildheit, das Toben, Brennen, Verzehren, die Lebenslust und immer auch einen Aspekt von Zerstörung. Machtrituale mit Menstruationsblut sehe ich als Verbindung zwischen Sonnen- und Mondenergie. Die Sonne weckt in uns das Lachen, die Sinnlichkeit, die Lust am Leben, die andere mitreißen kann.

Arinna wurde auf einem hohen Berg verehrt, der in meinen Träumen Amasia heißt. Ein Felsplateau, dem Sonnenlicht hingegeben. Hier sammelten sich die Strahlen der Mittagssonne, hier wurden Rituale gefeiert und die Strahlen umgewandelt in andere Energieformen, in spirituelle Kraft.

LICHTOPFER

Am 13. Dezember wird der Tag des Lichts, Luzia, gefeiert. Das Licht der Sonne, das nun immer schwächer wird, soll in die dunkelste Zeit des Winters geholt werden. Hier begannen im alten Bayern, in der Schweiz, in Österreich die Rauhnächte, die Zeit der Percht, der unerbittlichen, grausamen, weil unbestechlichen Lutzl (Luzia), der wilden Jagd der Percht mit ihren Gesellinnen. Diese Zeit sollten wir uns zurückerobern als Zeit der matriarchalen Gerichtsbarkeit. Denn die Zeit von Luzia bis zum Initiationsfest am 2. Februar ist immer die Zeit des freien, des ursprünglichen, des Mutter-Rechts gewesen. In diese Periode fällt auch die Zeit „zwischen den Jahren", zwischen dem alten Sonnenjahr (366 Tage) und dem alten Mondjahr (354 Tage), das sind die zwölf Rauhnächte, die Zwölfer.

Verbrechen an Menschen, Tieren, an der Erde wurden in dieser Zeit gerichtet. Hier wurden die Mächte aller Himmelsrichtungen, aller vier Elemente gerufen, hier hielten die Göttinnen durch ihre Priesterinnen Gericht. In dieser Zeit wurden Orakel und Sprüche gesprochen, die nicht nur für einen Tag, für ein Königreich, für eine Gesellschaftsform galten, sondern für alle Zeiten. Am 13. Dezember könnt ihr kleine Boote bauen und sie auf einem Fluß der Flußgöttin oder Luzia, der Göttin des Lichts, weihen und treiben lassen. Schickt eure Wünsche und Hoffnungen für euch und für die Erde, auf der ihr lebt, mit und vertraut sie der Göttin an.

WINTERSONNWENDE

An diesem Tag fängt das Licht der Sonne wieder zu wachsen an. Ihr könnt nachts ein großes Feuer machen. Dann bildet ihr einen Kreis und ruft die Sonne, die kalte dunkle Erde zu erwärmen. Singt und tanzt. Springt über das Feuer. Verkleidet euch als Tiere und Dämonen, findet Bilder, die die Energie der Göttin darstellen. Ahmt die Stimmen und Bewegungen von Tieren nach. Singt und feiert. Ihr könnt auch ein brennendes Rad den Berg hinunter rollen lassen, wie in mittelalterlichen Zeiten, als die Bräuche noch nicht alle ausgerottet waren.

MITTAGSSONNENRITUAL

An einem sonnigen Tag, wenn die Sonne am höchsten steht, nimm ein Glas Rotwein, eine Zitrone, und dreizehn Stecknadeln. Geh an einen ruhigen, schönen Ort. Stell das Glas Wein in die Sonne. Bitte die Sonnengöttin Arinna oder Sawuska, oder die Rote Frau von Babylon oder Ishtar, die wohl einst Sonne und Mond in einer Göttin verkörpert hat (so wie in jeder

Frau Sonne und Mond ist), den Wein mit ihrer Kraft zu füllen und zu erhitzen und die Zitrone mit ihren Strahlen zu füllen. Nimm eine Nadel nach der anderen, tauche sie in den Wein und sprich dazu (ein Beispiel, du kannst alles nach deiner Phantasie und Erinnerung verändern):

Die erste Nadel ist meine Fähigkeit zur Freude. Ich tauche sie in den Wein, den die Sonnenmutter mit ihrer Kraft erhitzt hat, ihre Kraft verbindet sich mit meiner Lebensfreude. Die Zitrone ist meine Seele.

Die Nadel mit der Lebenskraft stecke ich in die Zitrone, die meine Seele ist, und durch sie läuft ein Band zwischen Mond und Sonne, zwischen mir und der Sonne.

Die zweite Nadel ist meine Weisheit, usw.

Jede Nadel verkörpert eine Kraft in dir, die du verstärken willst. Tauche sie in den Wein, der von der Sonne erhitzt ist, stecke sie in die Zitrone, die deine Seele verkörpert.

Wenn die Zitrone voll mit Nadeln ist, hänge sie über deinem Bett auf. Die Energie der Sonnenmutter wird dann immer über dir sein.

Bei den Etruskern wurde dieses Ritual als Sonnenritual gemacht, aber ich habe dasselbe Ritual als Mondritual der keltischen Göttin Epona gefunden.

SONNE UND HEILEN

Wenn du das Gefühl hast, für eine Heilung Sonnenenergie zu brauchen (niemals bei Entzündungen oder eitrigen Wunden), dann lege dich in die Mittagssonne, decke ein Tuch über deine Augen und streck deine Arme nach oben, der Wärme zu. Spreize deine Finger weit aus und fühle die Spannung, die entsteht. Jetzt lege beide Hände auf den Solarplexus und atme sehr tief ein und aus. Bitte die Sonne, dich zu wärmen und zu heilen, und verbinde dich zum Schluß ganz bewußt mit der Erde, indem du dich an sie schmiegst oder die Hände auf sie legst.

SCHUTZ DURCH MOND UND SONNE

Bei den Kelten, bei nord- und südamerikanischen Stämmen, und heute noch in Tibet und Nepal, bei den Papuas und bei vielen afrikanischen Stämmen gibt es den Brauch, zum Schutz eines Kranken, eines Kindes oder auch eines gesunden Menschen, der sich schwach fühlt, ein Holzrad mit 8 Gegenständen (für die Sonne) oder eines mit 13 Gegenständen (für Mond) aufzuhängen. Diese Symbole baumeln vom Rad und sollen den betreffenden Menschen schützen (vielleicht haben wir das sogar übernommen, indem wir Kindern Mobiles ins Kinderzimmer hängen). Das Sonnenrad hat 8 Speichen. Für die Sonne können Nüsse, getrocknete Blumen, Strohblumen, Kräuter, geschnitzte oder gemalte Sonnenbilder, Salamanderdarstellungen, Getreide, Goldschmuck oder getrocknete Früchte hängen.

Das Mondrad hat 13 Speichen (weil ein Jahr durch 13 Monde vollständig wird), und es können daran Muscheln, Schnecken, Darstellungen von Mond oder von Fischen, Wurzeln, Zweige, Silberschmuck, Lilien, Tag- und Nachtschatten oder alle Schmuck- und Symbolgegenstände von Hexen wie Pentagramm, Halbmondsichel, Schlange, Eule usw. befestigt werden.

Bei äußeren Erkrankungen, Fieber, Entzündungen, Wunden, Streß ist ein Sonnenrad gut, bei inneren Erkrankungen, psychischen Leiden, bei allem was mit dem Fluß von Wasser und Blut im Körper zu tun hat, bei Menstruationsschmerzen oder bei einer Geburt ist ein Mondrad gut.

SONNENTOCHTER-RITUAL

Dieses Ritual stammt von den Navajo-Indianern. Es ist ein Heil- und Orakelritual.

Du sollst es beim höchsten Stand der Sonne machen: Du brauchst einen großen Beutel Maismehl, vier mal zwölf Federn oder Zweige, drei Steine, die für dich eine Bedeutung haben, vielleicht einen Kristall oder Amethyst dabei. Dann brauchst du Lebensmittelfarbe in blau und rot, die der Erde nicht schadet. Ziehe an einem ruhigen Platz im Wald oder am Strand einen großen Kreis. Fang in der Mitte an, die Figur der Sonnentochter mit Maismehl zu streuen. Denk dabei intensiv an die Lebenskraft, die heilende Energie der Sonne. Die Sonnentochter ist das Symbol für inkarnierte Sonnenkraft. Über den Kopf der Sonnentochter und rechts und links zu ihren Füßen lege die drei Steine, die du mitgebracht hast (wenn du einen Amethyst hast, so lege ihn über ihren Kopf). Dann suche die vier Ecken der Erde, die vier Himmelsrichtungen. In jede Himmelsrichtung lege zwölf Federn oder Zweige kreisförmig nebeneinander auf, so daß alle vier mal zwölf Federn einen Kreis um die Sonnentochter bilden.

Dann streue zuerst rote und dann blaue Ringe um die Federn herum und ganz außen ziehe einen Ring aus Maismehl (siehe Abbildung). In den Kreisen läßt du jeweils eine Öffnung für Osten, Westen, Norden und Süden.

Tritt jetzt in den Kreis, laß dich in dein körperliches Zentrum sinken, das heißt, geh leicht in die Knie und spüre, wie dein Körper sich in der Bauchhöhle zentriert. Strecke die Arme nach oben. Du sollst genau auf dem Bildnis der Sonnentochter stehen.

Spanne die Arme, die Hände, die Finger so weit aus wie Flügel. Atme tief mit der Erde und mit der Sonne. Fühle den Atemstrom durch deinen

Körper fließen und ihn beleben, stelle dir mit jedem Atemzug vor, wie du die Kraft der Sonne aufnimmst. Beginne zu summen. Versuche zu atmen und rhythmisch zu singen und in einen uralten Rhythmus zu fallen. Dann trage der Sonnentochter dein Anliegen vor. Setz dich auf das Bild der Sonnentochter, berühre deine Augen, deine Lippen, deine Brüste, deine Vulva, deine Füße mit Maismehl. Warte auf eine Antwort. Nach einiger Zeit mache ein Orakel, richte deine geschlossenen Augen auf die Sonne, atme.

Wenn du die Antwort hast, geh aus dem Kreis und löse ihn mit einer großen Feder ganz auf, so daß keine Form zurückbleibt. Die Federn, Zweige und Steine kannst du vorher herausnehmen.

Bedanke dich.

Dieses Ritual ist auch ein Sonnen-Initiationsritual, wenn du dich mit den Kräften der Sonne verbinden willst.

Behalte im Sinn, daß es nicht auf schöne Zeichnung oder die absolute Korrektheit aller Linien ankommt, sondern auf deine Intensität, mit der du das Ritual machst. Du kannst es dann auch variieren und neue Einzelheiten erfinden.

Einzig die Tatsache, daß der Kreis nach dem Ritual aufgelöst werden muß, ist unabänderlich.

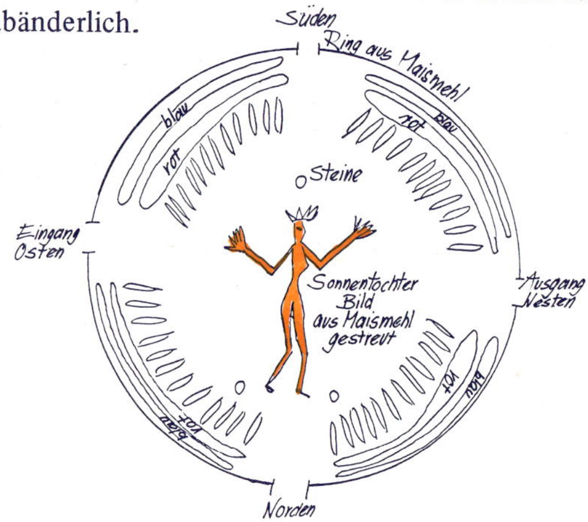

ÜBUNGEN MIT DER ERDE

Wenn du dich erden willst, wenn du schmerzhafte Menstruationstage erlebst, wenn du Sehnsucht danach hast, dich selbst auf dieser Erde zu spüren, möchte ich dir diese Übungen empfehlen. Sie bringen dich nicht nur „zur Erde“ oder „wieder auf den Boden“, sondern lassen auch den heilenden Strom zwischen Erde und dir fließen. Du gibst dem Körper der Erde Energie, die Erde gibt dir ihre Energie zurück.

ATEM UND ERDE

Diese Übung kannst du wahrscheinlich nur im Sommer machen oder wenn es nicht kalt ist: Leg dich möglichst nackt auf den Boden, auf eine weiche Wiese, auf Erde oder Sand. Breite die Arme und die Beine weit aus. Beginne, in deinen Körper tief einzuatmen und in den Körper der Erde auszuatmen. Mit der Zeit fühlst du, wie die Erde zurückatmet, wie ein Rhythmus entsteht zwischen ihr und dir. Atme alles aus dir heraus, was du nicht brauchen kannst und bitte die Erde, diese Energien umzuwandeln und zu reinigen, während du alles in sie hineinatmest. Am Ende dieser Übung leg für die Erde Sonnenblumenkörner oder Getreide oder Blüten an diese Stelle. Du kannst die Erde mit deiner Berührung energetisieren, das ist sehr erotisch.

Auch mit Bäumen kannst du atmen, indem du sie umschlingst und dich an sie preßt; das ist auch im Winter eine sehr schöne Übung. Bäume sind warm und fest. Sie lieben eine zärtliche Berührung sehr.

ERDE UND MENSTRUATION

Wenn du während der Blutung unter Schmerzen leidest, geh einmal in den Wald, an einen Ort, wo du sicher ungestört bist und niemand dich beobachten kann. Zieh dich aus und hock dich auf die Fersen. Presse Vagina und Bauch so weit nach unten zur Erde wie du kannst. Während das Blut in die Erde läuft, atme tief ein und aus, achte vor allem darauf, daß du gründlich alle verbrauchte Luft wieder aus dem Körper drückst. Bald wirst du ein Kribbeln an der Klitoris spüren, die Bauchdecke entspannt sich und die Bauchhöhle wird locker und tut nicht mehr weh. Denk daran, daß die Erde viele viele Hände, Augen, Arme und Brüste hat, viele Bäuche, viele Venushügel und viele erotische Zonen, die dich berühren, die du berührst.

EIN ENERGIESYMBOL BEI DER ERDE SUCHEN

Geh einmal mit dem Ziel spazieren, etwas zu finden, mit dem die Erde dir ihre spirituelle Energie vermitteln wird. Schau auf jeden Vogel, auf jeden Baum, jeden Stein, jede Pflanze mit neuen Augen: Wollen sie dir etwas mitteilen? Wie lautet die Mitteilung?

Geh solange durch die Landschaft, bis du das sichere Gefühl hast, etwas ist zu dir gekommen, sei es, weil du den Blick nicht mehr lösen kannst, sei es weil du dich spontan danach bückst und es aufhebst. Es kann auch ein Tier sein, das sich in deiner Nähe aufhält und dich beobachtet. Wenn du das gefunden hast, was du suchst, berühre es nicht sofort, nimm es nicht gleich mit. Setze dich dazu und sprich die Sprache des Schweigens mit ihm.

Wenn ihr euch ausgetauscht habt, wenn du den Fluß der spirituellen Energie verstanden hast, der durch diesen Baum oder Stein oder durch das Tier oder die Pflanze strömt, kannst du fragen, ob du es mitnehmen kannst. Wenn es dir versehentlich entgleitet, aus der Hand fällt, sollst du es nicht mitnehmen. Wenn du es überhaupt mitnimmst, dann im Bewußtsein, daß es dich immer an diesen Energiestrom erinnern wird. Reihe es nicht einfach in deine Sammlung ein. Berühre es immer wieder. Wenn es ein Stein ist, lege ihn in deinen Steinkreis oder an den Ort deiner Trancen und Meditationen.

VERWANDLUNGSFEST

Dieses Ritual ist ein Sommerfest, ihr könnt einen Sommersabbat damit feiern (Walpurgis, Sommersonnwende 21.6., Lammas am 1. auf 2. August oder Herbst-Tagundnachtgleiche).

Trefft euch schon am Nachmittag des Fest-Tages, um euch Kleidung und Masken aus Naturmaterialien anzufertigen. Nehmt Felle, Federn, Gräser, Blumen, Erde, Schilf, Maisblätter, Früchte, bindet euch Kränze, flechtet Kopfbedeckungen und Masken, klebt mit Lehm und Wasser, macht euch Ketten, Hemden aus Schilf und Blättern. Laßt eure Phantasie spielen.

Am Abend, wenn ihr alle maskiert seid, zieht einen Kreis. Im Kreis macht ein Feuer. Bringt Musikinstrumente, Essen und Wein. Dann kauert euch so tief ihr könnt auf den Boden, atmet und summt mit der Erde. Wenn der Gesang mächtiger wird, richtet euch langsam auf, zuerst zum Sitzen, dann zum Stehen, dann bewegt euch, zuerst träge, dann heftiger, wilder. Singt und macht Musik dazu. Macht Liebe mit der Erde, mit der Luft, mit dem Feuer und dem Wasser. Imitiert die Stimmen von Tieren, macht ihre Bewegungen nach, fliegt mit den Armen wie die Schwingen der Vögel, hoppelt, rennt, dreht euch, brüllt, röhrt, gurrt, gackert, bellt, schreit, wie euch gerade zumute ist, verwandelt euch in die Tiere, die ihr nachahmt.

Wenn ihr müde seid, bildet alle einen Kreis, haltet euch an den Händen und dreht euch summend herum. Löst den Kreis durch das Lösen der Hände. Dann eßt und trinkt, feiert, liebt euch.

Dies ist ein sehr altes Fest der Göttin Diana, bei dem niemals Männer zugelassen waren. Es ist ein Fest der Liebe zwischen Frauen und Diana, Frauen und der Erde, Frauen und den Elementen, Frauen und Tieren.

MAGISCHE SPRÜCHE

Bei allen Mächten des Ozeans und der Erde
wie ich sage, so soll es werden
bei allen Mächten von Sonne und Mond
was ich wünsche wird sein auf Erden.

Königin des Himmels, Königin der Nacht
schicke meiner Beschwörung Hilfe
gehörnte Jägerin der dunklen Nacht
meinem Willen gib deine Macht.

Feuer Wasser Erde Wind
eilet zu Hilfe mir geschwind
gebt in dieser dunklen Nacht
eurer Tochter Macht.

Wie du zunimmst
soll meine Krankheit abnehmen
wie du leuchtest
will ich leuchten
wie du dich verschleierst
will ich mich in Dunkelheit versenken
Mond Mond Mond
mich ganz dir schenken.

BAUMORAKEL

Die keltischen Druiden teilten das Jahr der 13 Monde in einen Baumkalender ein. Nach diesem Baumkalender kannst du Baumorakel machen, das heißt Bäume um Rat fragen. Dazu mußt du wissen, welcher Baum mit welchem Sternzeichen korrespondiert. Wenn du das Orakel machst, solltest du also Zweige eines Baums nehmen, der entweder dein eigenes Sternzeichen symbolisiert oder das Sternzeichen des Monats, in dem du das Orakel befragst. Der Baumkalender zählte zwölf Bäume vom Neumond im Dezember angefangen, der dreizehnte Baum bezeichnete die Zeit zwischen den Jahren. Das Baumorakel ist eine Form von Geomantie, wie auch das Steinorakel. Geomantie heißt: Liebe zur Erde und bedeutet, über die Liebe zur Erde ihre Botschaften entschlüsseln lernen, die sie durch Bäume, Pflanzen, Blumen und Steine weitergibt.

Baumkalender:

1. Dem Zeichen *Steinbock* wird die *Birke* zugeordnet. Sie besitzt die Kraft, Geister zu bannen, Geist und Seele, sowie das Licht zu erneuern. Sie symbolisiert das Ende des langen Winters, den Sieg des Lichts über die Dunkelheit.

2. Dem Zeichen *Wassermann* entspricht die *Eberesche*, Symbol für die Wiedergeburt nach der Erneuerung. Von der Eberesche werden nicht nur hellseherische Fähigkeiten gefördert, sie hat in alten Zeiten auch Drachen und Höllentiere von den Menschen ferngehalten.

3. Dem Zeichen *Fische* entspricht die *Esche*. Die Esche symbolisiert die Macht des Wassers und schützt vor Wasserschaden und Ertrinken. Im Über-

tragenen schützt sie vor Gefühlsüberflutungen und Depressionen.

4. Die *Erle* repräsentiert die Zeit des *Widders*. Sie ist Symbol für die Macht des Feuers und schützt gegen Brand, Verbrennungen, Entzündungen. Erlenholz ist gutes Flötenholz und wurde früher für Hexenpfeifen verwendet. Die Erle überträgt die Kraft der Anrufung.

5. In die Zeit des *Stiers* gehört die *Weide*. Wie der Stier Symbol der Großen Göttin ist, so ist die Weide das Holz der Zauberinnen, der alten Schamaninnen. Beweglich, biegsam, unerbittlich. Die Weide beherbergt Mondkraft, und damit die Umwandlungskraft. Hexenbesen wurden aus Weidenzweigen gemacht.

6. *Weißdorn* vertritt die Zeit des *Zwillings*. Reinheit und innere Konzentration, Musik und alle Arten von Schwingungen werden von Weißdorn symbolisiert. Außerdem wirkt Weißdorn blutreinigend.

7. In die Zeit des *Krebs* gehört die *Eiche*. Sie steht für Ausdauer, Mut, Sieg, Freude. Die Eiche war der heilige Baum der keltischen Druidinnen und Druiden. Hier teilte sich das Jahr, hier wandelte sich die Kraft. Eichenholz wird für Eingänge, Türen, Fenster verwendet, weil es Abwehrkräfte besitzt.

8. *Ilex* ist der Strauch des *Löwen*. Immergrün und stachelig trägt er rote Beeren. Seine Energie ist Macht, Fülle, auch Gewalt. Nicht nachlassende Energie. Wie im druidischen Baumkalender die Eiche über die erste Jahreshälfte regiert, so regiert Ilex über die zweite.

9. Der *Haselstrauch* wird der *Jungfrau* zugeschrieben. Er symbolisiert innere Reife, Würde. Wie die Nuß in der harten Schale den süßen, nahrhaften Kern trägt, bedeutet die Zeit der Jungfrau inneres Wachstum und Wissen. Haselzweige schaffen Distanz, halten Ereignisse und Strömungen fern, die du nicht in deinem Leben haben willst. Auch Zauberkraft wird ihnen zugesprochen. Im Märchen ist der Zauberzweig immer ein Haselzweig, wie zum Beispiel bei Aschenputtel.

10. Dem Zeichen *Waage* entspricht die *Weinrebe*. Sie symbolisiert Ernte, das Einbringen von Früchten und Getreide ebenso wie von Wissen und Erfahrungen. Die Zeit der Weinrebe ist die Zeit der Anwendung von Wissen, der Feiern.

11. Dem Zeichen *Skorpion* entspricht der *Efeu*, immergrün aus Dunkelheit sich nährend. Efeu symbolisiert die Macht der Dunkelheit über das Licht und birgt in sich das Geheimnis von Tod und Erneuerung. Mit Efeu kannst du versuchen, die Rätsel deiner Existenz zu lösen, deine Grenzen zu erweitern. Spiralförmig wachsend symbolisiert Efeu auch den unendlichen Spiraltanz des Universums, das Wissen der Dunkelheit und der ewigen kosmischen Nacht. Die Blätter des Efeu enthalten ein Gift, das in kleinen Mengen halluzinogen wirkt. Die Sybillen haben ihre Orakel mit Lorbeer-

und Efeu-Blättern entschlüsselt.

12. *Schilfrohr* ist die Pflanze des *Schützen*. Es symbolisiert die Weisheit aus der Kargheit, es braucht nicht Blätter und üppige Blüten. Seine Wahrheit liegt in der Einfachheit der Form. Überfluß und Fülle sind verschwunden. Es bleibt die Klarheit. Das Schilfrohr symbolisiert den Kern allen Wissens, die Erleuchtung.

13. Die letzte Pflanze im druidischen Baumkalender ist der *Holunder*. Er regiert die Zeit zwischen den Jahren, die Rauhnächte. Die Reinigung und Wiedergeburt. Holunder wurde im früheren Bayern der Kelten und Illyrer als Allheilmittel verwendet. Mit Holunderholz wurde das alte Jahr ausgeräuchert, mit Holunderfeuer wurde das Licht ins neue Jahr gebracht. Interessant ist, daß es vor allem im Alpenraum einen Austausch zwischen Holunder und Wacholderholz gibt, und für alle genannten kultischen Handlungen auch Wacholderholz verwendet wurde. Wacholder ist zudem auch das kultische Holz der Sumerer, Babylonier und Hettiter gewesen. Beide Hölzer haben reinigende und astringierende Substanzen unter ihrer Rinde. Ihre Beeren (Wacholder) und ihr Saft (Holunder) reinigen das Blut. Holunder- und Wacholder-Orakel werden in der Zeit zwischen den Jahren abgehalten. Häuser werden mit dem Räuchern ihrer Zweige gereinigt, spirituelle Macht wird mit Holunder- oder Wacholderholz gefestigt.

Wie du ein Baumorakel machen kannst:
Die einfachste Form ist, dich an den entsprechenden Baum oder Strauch anzulehnen, ihn zu berühren oder dich gegenüberzusetzen und in eine ruhige Meditation mit ihm zu gehen. Die Assoziationen und Gedanken, die dabei immer wiederkehren, kannst du als Antworten sehen, die durch die Kräfte des Baums oder des Strauchs beeinflußt sind. Du kannst auch aus dem entsprechenden Holz kleine Stäbchen schneiden. (Orakelstäbchen werden bei Neumond geschnitten, und wo immer du sie schneidest, mußt du dir die Einwilligung des Baumes suchen und ihm eine Gabe dortlassen, ein wenig Getreide, Blumen, Hirse ...) Du schneidest 49 Stäbchen und wirfst sie in die Luft. Wenn sie zu Boden gefallen sind, ordnest du sie in vier Häufchen. Nun bestimmst du, welches Häufchen zuoberst, welches darunter kommt usw., bis du die vier Häufchen untereinander vor dir liegen siehst: zähle nun die Häufchen. Für eine gerade Zahl nimmst du zwei Stäbchen, für eine ungerade ein Stäbchen. Untereinander gelegt ergeben sie ein Zeichen. Die Bedeutung der Zeichen im arabischen, griechischen und afrikanischen Raum kannst du aus der nachfolgenden Tafel heraussuchen. Die Bedeutungen sind immer Anleitungen zu Meditationen, keine Fertigrezepte.

Ob du Orakel mit Holzstäbchen oder mit Steinen wirfst, du solltest immer vorher um Hilfe bitten und dich nachher bedanken. Den Platz, an dem du das Orakel wirfst, solltest du vorher mit Holunder oder Haselzweigen fegen und hinterher mit Blumen oder Getreide schmücken.

STEINORAKEL

Es wird im Wesentlichen wie das Holzorakel ausgeführt. Du brauchst 49 Steine. Es ist gut, wenn du an allen Plätzen, die du besonders gern hast, einen Stein suchst und ihn mit nach Hause nimmst. Du kannst auch Halbedelsteine dazunehmen, die einer Planetenkraft entsprechen. Die 49 Steine, die du schließlich hast, wirfst du wie die Stäbchen, teilst sie in vier Häufchen, legst sie untereinander und zählst sie. Das Zeichen entsteht nun wie bei den Holzstäbchen, und du kannst die Bedeutung aus der Tafel heraussuchen.

Du kannst dich aber auch in einen Kreis setzen, den du aus den 49 Steinen gebildet hast und reihum jeden Stein bitten, dir zu helfen, deine Frage zu lösen. Dann konzentrierst du dich, mitten im Kreis sitzend, auf deine Frage, bis du Bilder, Gedanken, Assoziationen zu der Frage spürst. Schreib dir alle möglichen Sätze, Wörter, Fragmente und Bilder dazu auf. Wenn es nicht klar genug wird, stelle eine genauere Frage.

Um ein genaues Ergebnis zu erhalten, mußt du immer zwei Zeichen werfen. Die Summe dieser beiden Zeichen ergibt dann das Antwortzeichen auf deine Frage.

DIE GEOMANTISCHEN ZEICHEN

Ihre Bedeutungen kommen der Reihenfolge nach aus dem Arabischen, dem europäischen Mittelalter, dem afrikanischen und meinen eigenen

Erfahrungen damit.

Gewinn

innere Macht; heimkehrende Gruppe. Erwerb von Reichtum. Der Reiche. Der Hauch, der das Feuer entzündet. Beweglichkeit des Geistes: heilt Wunden.
Magie, Wissen, Macht durch Weisheit, ohne Gewalt. Verständnis der Natur und des Kosmos. Reife. Güte. Erlösender Tod.

Verlust

äußere Macht; ausziehende Gruppe. Der Waghalsige. Verlust von Reichtum. Perle. Tränen. Erde: schützt vor Feinden.
Etwas beenden, verlassen. Vergeuden. Scheitern. Abhängigkeit. Schlampiger Umgang mit Machtmitteln. Aber auch: hohe Energie. Menstruation.

großes Glück

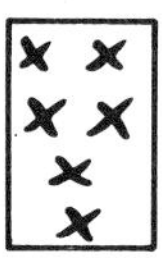

innerer Schutz und innerer Sieg. Wohltäter. Triumph. Der große Einzug. Scharfe Muschel. Feuer: Widerstandsfähigkeit.
Erfüllung der Wünsche. Materielle Sicherheit. Willenskraft. Starke klare Projektion. Das Bewußtsein von großer Kraft und Erfüllung.

kleines Glück

äußerer Schutz und äußerer Sieg. Herrschsucht. Niederlage. Der große Auszug. Hohler Baum. Hochmut. Unterdrückung.
Günstig für bescheidene Wünsche. Günstig für Untergebene. Ungünstig für Herrschende.
Der Schein. Macht über starkes Auftreten und lautes Geschrei. Zerstörungskraft.

Freude

die lachende Alte. Die Beweglichkeit des Geistes. Großmut. Aufsteigen. Das Band. Die Verbindung zu den Ahnengeistern. Gut für Hochzeiten und für die Gründung von Gemeinschaften.
Narr: impulsive Spontaneität durch kosmische Harmonie. Freude. Glück. Lust. Genesung.

Trauer

Traurigkeit. Schaden. Unordnung. Streit. Unbeugsamkeit. Verhärtung. Kummer. Sorgen. Poröser Stein. Engstirnigkeit. Tränen. Fixe Ideen. Heilt Geschwülste.
Düsteres Vorzeichen: alte Strukturen müssen brechen, neue halten noch nicht. Dunkelheit. Bei einer Geburt: ein Junge.

Mädchen

Das glatte Gesicht. Die Reinheit. Die junge Frau. Wachstum. Das Anlegen des Bogens. Liebesaffäre. Überschwang der Gefühle. Das Weibliche. Die schöpferische Kraft. Die Bewahrende. Hüterin der Geheimnisse. Die Wandelbarkeit. Beweglichkeit. Geburt eines Mädchens. Guter Geburtsverlauf. Genesung. Guter Preis.

Knabe

Der junge starke Mann. Der Kräftige. Der Leichtsinnige. Unreife. Abszeß. Arbeit und Ernte: bringt Gefahr. Entschlossenheit. Mut. Das Männliche. Komplikationen im Krankheitsverlauf. Geburt: ein Junge. Todesnähe (auch geistig). Hoher Preis.

Rot

Rot. Die aufgehende Sonne. Das Blut. Die Kalebasse, das Kultgerät. Der Einbaum, der dich über das gefährliche Wasser trägt. Reichtum, Tücher, Schmuck.
Ende einer langen Krankheit. Ende einer falschen Liebe. Lebenslust. Genuß. Gut für Verträge und Prozesse. Gut für Heilung.

Weiß

Die Blässe. Aufgehender Mond. Besonnenheit. Nach innen gekehrt. Ruhe. Vertrautheit mit Einsamkeit und Stille. Unreife Frucht, die gährt. Gut für Diebe. Der Weg ins Geheimnis.
Trance. Rückzug in den Traumkörper. Reisen über das Wasser. Fruchtbarkeit. Sanfter Fluß.

Verbindung

Zusammenschluß. Gemeinschaft. Wechselhafter Austausch. Anpassung. Ausgleich. Unbehinderte Sicht. Schützt vor Dieben und Feinden. Wiedergefundene Einigkeit.
Das Maß: du mißt und wirst gemessen. Gute Unternehmungen, aber kein Geld. Versammlungen. Notwendigkeit von Zusammenarbeit. Gemeinsame Rituale und Arbeit. Gut für gemeinsame Heilrituale.

Gefängnis

Gefangenschaft. Die Falle. Verwundung. Von der Gemeinschaft getrennt. Härte. Widerstand. Schützt Vagabunden. Einsam und abgeschlossen leben. Unfreiheit. Schwangerschaft. Aber auch Schutz und Sicherheit durch Abgeschlossenheit. Vor- und Nachteil von Mauern. Die Suche.

Drachenkopf

Der Eingang. Einweihung. Die innere Schwelle. Die Verschleierte. Inneres Band. Zwischen den Schenkeln. Verinnerlichung.
Den Weg in die Tiefe gehen. Mystische Erfahrungen. Die innere Welt. Vertiefung der philosophischen Erfahrungen. Einfühlen in die Realität der vielen Ebenen. Träume werden wichtig.

Drachenschwanz

Der Ausgang. Äußere Schwelle. Hinterlist. Das äußere Band. Unheilvoller Woodoo. Zauber. Schicksalsprüfung. Verwirrung. Verdruß. Unklarheit. Unklare Schwingungen. Heraufbeschwören von ungebetenen Geistern.

Volk

Versammlung. Schwatzhaftigkeit. Vereinigung vieler Menschen. Geister der Toten. Überfluß. Etwas ballt sich zusammen.
Menschen vereinigen sich. Kollektive Prozesse. Für Kranke: der Trauerzug kündigt sich an.
Reisen mit Freunden. Kollektive Veränderungen.

Weg

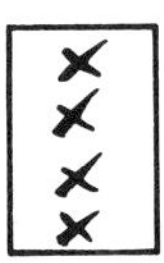

Weg. Wanderung. Veränderung des Wohnorts. Aufbruch. Die Energieverbindungen unter der Erde (Lays). Neue Wege suchen. Die Sprache. Einsamkeit und Suche. Ein langer Weg ohne die Gemeinschaft mit den anderen. Eine Entwicklung. Lernprozeß durch innere Reife. Der Weg der Schamanin. Lernen und wachsen mit der Hilfe der Ahnengeister.

TAROT UND KOSMISCHE KRÄFTE

Zwischen den Tarotkarten und der Astrologie gibt es eine enge Verbindung. Jede Karte des großen Arkanums ist einem Planeten zugeordnet und weist dich auf die Energien dieses Planeten hin. Die vier Symbolbereiche des kleinen Arkanums vertreten die vier Elemente, die auch im Tierkreis wirken:

Die Stäbe repräsentieren das Feuer und damit die Zeichen Widder, Löwe und Schütze und die Planeten Mars, Sonne, Jupiter.

Die Schwerter vertreten die Luft, die Zeichen Zwillinge, Waage, Wassermann und die Planeten Merkur, Uranus, Venus.

Die Münzen stehen für die Erde, für die Zeichen Stier, Jungfrau, Steinbock und die Planeten Venus, Saturn, Merkur.

Die Kelche vertreten das Wasser, die Zeichen Krebs, Skorpion und Fische und die Planeten Mond, Neptun, Pluto.

Die Bedeutung der großen Arkanakarten:
Die Bezeichnungen der Tarotkarten entsprechen in der Reihenfolge dem Waite-Deck, dem Hexentarot und dem Neuen Tarot der Frauen; die zugeordneten Planeten und Sternbilder dem Hexentarot und dem Neuen Tarot der Frauen.

1 Magician/Magie/Hexe	Merkur
2 High Priestess/Profetie/Sibylle	Mond
3 Empress/Kreativität/Matriarchin	Venus
4 Emperor/Macht/Pharaonin	Mars/Mars, Widder
5 Hierophant/Tempel/Hohe Priesterin	Venus/Venus, Stier
6 Lovers/Liebe/Die Liebenden	Merkur/Merkur, Zwilling
7 Chariot/Klarheit/Sieg	Mond/Mond, Krebs
8 Strength/Stärke/Kaurimuschel	Pluto/Sonne, Löwe
9 Hermit/Suche/Äbtissin	Merkur/Merkur, Jungfrau
10 Wheel of Fortune/Sphinx	Jupiter
11 Justice/Gerechtigkeit	Venus, Saturn/Venus, Waage
12 Hanged Man/Heilung/Heilerin	Neptun
13 Death/Erneuerung des Lebens/ Das Alte Weib	Pluto, Uranus, Mond/Skorpion
14 Temperance/Kunst	Pluto, Mars/Schütze
15 Devil/Leidenschaft/Der Gehörnte	Saturn/Saturn, Steinbock
16 Tower/Zerstörung/Der Turm	Mars
17 Star/Licht der Nacht/Stern	Merkur/Uranus, Wassermann
18 Moon/Mond/Mondin	Mond/Neptun, Fische

19 Sun/Sonne	Sonne, Pluto/Sonne
20 Judgement/Inspiration/Muse	Pluto
21 World/Tanz des Lebens/Die Tänzerin	Saturn/Erde, Saturn
0 Fool/Narr/Die Unschuldigen	Uranus, Merkur/Neptun, Uranus

Das astrologische Rad bei den Tarotkarten:
Mische die Karten und konzentriere dich dabei auf die Frage. Dann lege sie in der Form eines astrologischen Rades aus, nachdem du mit der linken Hand vier Päckchen abgehoben und sie in deiner gewünschten Reihenfolge wieder aufeinandergelegt hast.

Du legst zwölf Karten im Kreis aus, wobei die 1. Karte auf der linken Seite dem 1. Haus und Aszendenten entspricht, die 2. Karte dem 2. Haus usw.

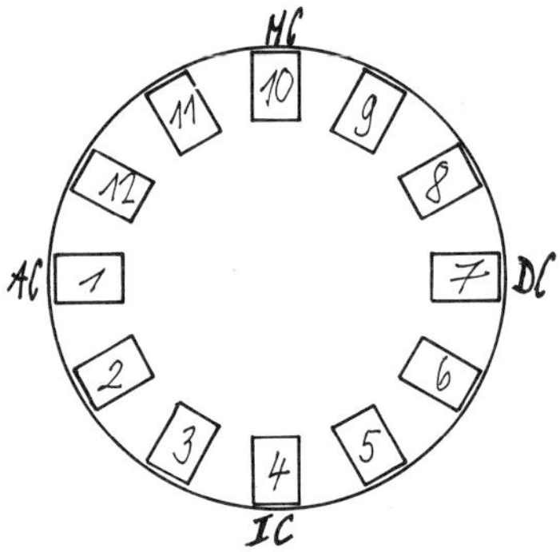

Zum Tarot möchte ich auf zwei Bücher verweisen:

Neues Tarot der Frauen von Billie Potts, im Verlag Frauenoffensive

Hexentarot von mir, im Verlag New Age, Neureuther Straße in München.

IX DER KALENDER DER GÖTTIN

Anleitung zum Bau eines Steinkreises.

Ein Steinkreis ist zugleich Kalender, Tempel, Heilungs- und Meditationsort, Raumstation des Traumkörpers und Ritualplatz. Wenn du dir selbst einen Steinkreis baust, hast du immer einen Ort der Kraft, an dem du dich erneuern, Kontakt mit kosmischen Kräften herstellen und deine Rituale machen kannst. Wähle dir dazu einen ruhigen, schönen Platz, vielleicht im Wald, an einem Weiher oder am Meer, je nachdem wo du lebst, oder im eigenen Garten. Es muß auf jeden Fall ein Platz sein, der nicht landwirtschaftlich genutzt wird. Wenn es eine Waldlichtung ist, mußt du dir wenig Gedanken machen, abends und nachts verirrt sich kaum jemals ein Mensch in den Wald. Um dich aber abzusichern, kannst du vor jeder Handlung, die du im Steinkreis machst, in alle vier Himmelsrichtungen einen Abwehrspruch sagen und ihn mit einem dafür von dir bestimmten Gegenstand verstärken (einem Stab, einem Stein – ich habe einen Elefantenknochen dafür):

nichts gehört
nichts gesehen
nichts gewesen
alles vergessen.

Um nun den Steinkreis zu bauen, brauchst du zuerst einen Mittelstein. Er sollte groß und gut sichtbar sein. Du bestimmst jetzt den Mittelpunkt des Kreises, hebst eine Kuhle aus, in die du den Stein setzt und streust ein wenig Hirse ein. Diese Kuhle ist später der Platz, an dem du Gegenstände reinigen und aufladen kannst. Nun stellst du den Stein hinein. Du hast jetzt das Zentrum deines Steinkreises, von dem später strahlenförmig die anderen Punkte gesetzt werden.

Die nächsten Steine, die gesetzt werden, sind Sonnenaufgangs- und Sonnenuntergangspunkt der Sommersonnwende, und Sonnenaufgangs- und untergangspunkt der Tagundnachtgleichen (an beiden Tagundnachtgleichen geht die Sonne genau im Osten auf und genau im Westen unter). Danach den Sonnenauf- und -untergangspunkt an der Wintersonnwende.

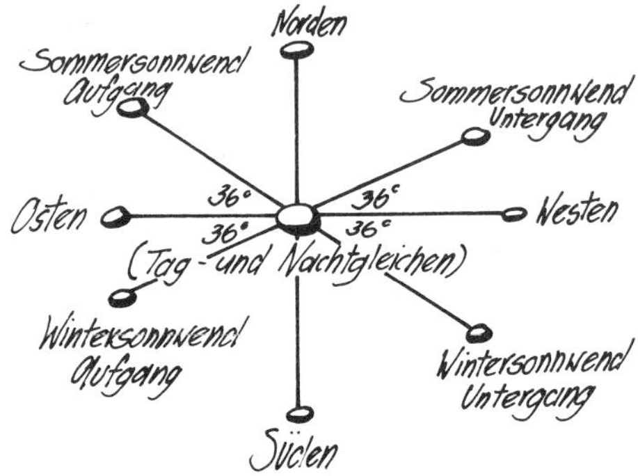

Alle Steine, außer dem Mittelstein, sind nur zu zweit zu setzen: Ihr geht vor Sonnenaufgang am Tag der Sonnwende oder am Tag der Tagundnachtgleiche zum Steinkreisplatz. Eine Frau stellt sich in die Mitte zum Stein, die andere wartet da, wo ungefähr Osten ist. Wenn nun der erste Sonnenstrahl über den Horizont tritt, stellt sich die zweite Frau so, daß der Stein, den sie hält, genau zwischen den Sonnenstrahl und den Mittelstein zu liegen kommt.

Diese Linie wird nach Westen verlängert, und so bekommt ihr den Sonnenuntergangspunkt. Ihr werdet feststellen, daß sich bei den Sonnwenden der Sonnenaufgangspunkt um 36 Grad Richtung Norden (Sommersonnwende) oder Süden (Wintersonnwende) vom wirklichen Osten entfernt. Diese Differenz entsteht durch die elliptische Bahn der Sonne. Beim Sonnenuntergang sind es 36 Grad Differenz zum wirklichen Westen.

Du setzt also einen Stein bei der Sommersonnwende am 21.6. und verlängerst die Linie nach Westen, wo du dann einen weiteren Stein setzt, den Sonnenuntergangspunkt. Dann zur Herbst-Tagundnachtgleiche am 23.9. einen Stein bei Sonnenaufgang und einen am verlängerten Punkt im Westen.

Den nächsten setzt du zur Wintersonnwende am 22.12. und gegenüber in der westlichen Verlängerung den nächsten. Die Position von Sonnenauf- und -untergang zur Frühlings-Tagundnachtgleiche entspricht genau der Herbst-Tagundnachtgleiche.

Die beiden letzten Steine, der genaue Nord- und Südpunkt befinden sich im rechten Winkel zu der Ost-West-Linie der Tagundnachtgleichen.

Du hast jetzt einen Kreis mit einem Mittelstein und 8 Steinen außen herum.

In diesem Kreis könnt ihr Rituale und Sabbats feiern und Heilungen durchführen. Ihr könnt jeden Stein nach einer Göttin benennen und bei jedem Ritual eine Blume oder eine Muschel für sie dort hinlegen.

Der Steinkreis ist materialisierte Energie. Alles was du in diesem Kreis machst, bleibt als Potential darin erhalten.

Du kannst auch Mondbeobachtungen dort machen.

Du kannst ein Fernrohr aufstellen und von dort die Planeten und den Himmel betrachten.

Du kannst aus dem Steinkreis auch eine kosmisch-spirituelle Raumstation machen.

Im Sommer kannst du um den Mittelstein herum ein Zelt aufstellen und dort übernachten oder einfach nur bleiben und ruhig sein.

Du wirst erfahren, daß mit der bewußten Arbeit in einem Steinkreis deine Kräfte wachsen, daß dein Gefühl zur Erde in dem Maß intensiviert wird, wie du den Himmel beobachtest.

LITERATURLISTE

DIE WEISSE GÖTTIN, R. Ranke-Graves, Medusa Verlag, Berlin 1981
MOND, MOND, Anne Kent Rush, Verlag Frauenoffensive, München 1978
DIE GROSSE MUTTER, Erich Neumann, Walter Verlag, Olten/Freiburg 1981
HEILIGE UND HEXER, A. David-Neel, Brockhaus Verlag, Wiesbaden 1981
DIE GÖTTIN UND IHR HEROS, Heide Göttner-Abendroth, Verlag Frauenoffensive, München 1980
DIE TANZENDE GÖTTIN, Heide Göttner-Abendroth, Verlag Frauenoffensive, München 1982
DAS TIBETANISCHE TOTENBUCH, Walter Verlag, Freiburg 1971
DIE ANDERE WIRKLICHKEIT DER SCHAMANEN, Joan Halifax, Barth Verlag, Bern 1981
SCHAMANISMUS UND ARCHAISCHE EKSTASETECHNIK, Mircea Eliade, Rascher Verlag, Zürich 1956
MAGIE, HEILEN UND MENSTRUATION, Rosemary Rodewald, Verlag Frauenoffensive, München 1978
AM ANFANG DER KULTUR, Marie König, Ullstein Verlag, Frankfurt 1981
ICH SENDE EINE STIMME, Evelyn Eaton, Mutter Erde Verlag, Frauenberg 1980
GOOD MEDICINE BOOKS, Adolf Hungry Wolf, Invermere, British Columbia
SPUREN DER TRAUMZEIT, B. Wongar, dianus Verlag, München 1981
UND MANITU ERSCHUF DIE WELT, Basil Johnston, Diederichs Verlag, Düsseldorf 1976
AFRIKANISCHE MÄRCHEN, Fischer Verlag, Frankfurt 1979
DIE KUNST DES PIRSCHENS, Carlos Castaneda, Fischer Verlag, Frankfurt 1981
MAGIE UND MYTHEN IM REICH DER HETHITER, Volkert Haas, Merlin Verlag, Hamburg 1980
HEXENMUSIK, Meri Franco-Lao, Verlag Frauenoffensive, München 1979
MANDALAS IM SAND, David Villasenor, Irisiana Verlag, Haldenwang 1975
FRAUEN-MYSTERIEN, Esther Harding, Zürich 1949
DER KREIS ALS SYMBOL, Manfred Lurker, Wunderlich Verlag, Tübingen 1981
LEBENSSCHWUNG DURCH TAI CHI, Al Huang, Barth Verlag, München 1979
THE GREAT COSMIC MOTHER OF ALL, Monica Sjöö und Barbara Mor, Rainbow Press, Trondheim, 1981
TAO TE KING, Laotse, Barth Verlag, München 1976
AM ANFANG WAR DIE FRAU, E. Gould-Davis, Verlag Frauenoffensive, München 1977
THE GODDESSES OF CHALDEA, SYRIA AND EGYPT; THE GODDESSES OF INDIA, TIBET, CHINA AND JAPAN, L. Durdin-Robertson, Cesara Publications, Huntington Castle, Clonegal, Enniscorthy, Irland
VOODOOS AND OBEAHS, WEST INDIAN WITCHCRAFT, J. Williams, AMS Press, New York 1970
THE SPIRAL DANCE, Starhawk, Harper & Row, New York 1979
THE HOLY BOOK OF WOMENS MYSTERIES I AND II, Z. Budapest, Los Angeles 1979/80

THE TALL STONES, Moira Caldecott, Corgi Books, London 1972
alle Bücher von:
Merlin Stone, Ursula K. LeGuin, Jane Roberts.

ZUM TAROT:
EIN NEUES TAROT DER FRAUEN, Billie Potts, Verlag Frauenoffensive, München 1982
TAROT, Doris Dinkelmann, Selbstverlag über Frauenbuchladen Bielefeld, 1981
HEXENTAROT, Luisa Francia, New Age Verlag, München 1981

ZUR ASTROLOGIE:
alle Bücher von Dane Rudhyar, Stephen Arroyo und Liz Greene. Die Bücher von Alice Bailey im Lucis Verlag (englisch und deutsch), London, Karmic Astrology in 4 Bänden von M. Shulman, Weiser Verlag, New York 1977
Aleister Crowley: Astrologick, Sphinx Verlag, Basel 1980
Phoenix und Bärbel Messmer: Venus ist noch fern, Come Out Verlag, München 1980.
Es ist gut, zum Thema Astrologie viele Bücher zu lesen, auch die schlechten, um einen eigenen Standpunkt herauszuarbeiten, es ist aber auch gut, die traditionellen Astrologiebücher mit Vorsicht zu genießen.

ZU STERNENKUNDE UND ANDEREN WISSENSCHAFTEN:
EINSTEINS UNIVERSUM, Nigel Calder, Umschau Verlag, Frankfurt 1979
DER GEIST DER MATERIE, Jean Charon, Zsolnay Verlag, Hamburg 1979
DAS STERNENJAHR, Franck'sche Verlagsbuchhandlung, jedes Jahr neu
FASZINIERENDES WELTALL, Werner Büdeler, 1981
GROSSES LEXIKON DER ASTRONOMIE, Joachim Herrmann, (ein sehr wichtiges Buch), Mosaik Verlag, München 1980
GOETHES FARBENLEHRE, Harenberg Verlag, Dortmund 1979
DER KOSMOS STERNENFÜHRER, Baker/Hardy, Franck'sche Verlagsanstalt, Stuttgart 1981
STARSEEKERS, Colin Wilson, Doubleday Verlag, London 1980

DER GEIST DES LABYRINTHS, Hildegard Landbauer. Diese Arbeit ist bislang noch unveröffentlicht, ich möchte sie aber hier erwähnen, weil ich Frau Landbauer und ihrer Arbeit sehr viel verdanke und hoffe, daß ihre Labyrinth-Theorie bald veröffentlicht werden kann.

AUSSERDEM:
Die Zeitschrift *Womanspirit*, Zeitschrift für weibliche Spiritualität, Wolf Creek, Oregon, zu beziehen über Frauenbuchläden.
DIE TAROTKARTEN VON MARGRET PETERSEN, bislang sind 7 Karten fertig und als Meditationsbilder gedruckt. Zu beziehen über E. Petersen, Gunezrainer Str. 6, 8000 München 80.
Zudem empfehle ich die Lektüre und das Studium von Sagen- und Märchenbüchern aller Art.

BILDNACHWEIS

Luisa Francia: S. 3, 65
Inge Vogt: S. 7, 23, 29, 63, 65, 67, 80, 95, 100, 108
Barbara Gass: S. 27, 68, 70, 83, 97
S. 12 aus: Warren Kenton, *Astrology*, N.Y. 1974
S. 13, 50, 61 aus: *Lunar Calender*, Luna Press, Washington 1979
S. 22 aus: *Astronomia*, Zeitschrift für Astronomie, Mailand 1980
S. 73 aus: Andreas Feininger, *The Anatomy of Nature*, Dover Publ., N.Y.
S. 74 aus: Sergius Golowin, *Das Reich der Schamanen*, Sphinx Verlag, Basel 1981
S. 106 aus: Hanns Fischer, *In mondloser Zeit*, Jungborn Verlag 1930

Titelphoto: Barbara Gass. Szene aus dem Film „Hexen“ von Luisa Francia.
Cover-Rückseite: Barbara Gass. Das Photo zeigt die Autorin während der Dreharbeiten zu „Hexen“.

Alle Skizzen und Zeichnungen im Buch: Inge Vogt
Zeichnung des Sonnentochter-Rituals: Luisa Francia